초대하는 말

문해력 기초를 잡아 주는 옛이야기와 쓰기의 힘을 믿으며

저는 저학년 아이들과 함께 지낼 때 기초 실력 점검을 매우 중요하게 생각합니다. 그중 가장 관심이 가는 것은 바로 '글쓰기'입니다. 흔히 받아쓰기를 잘하면 글쓰기도 잘할 것이라고 착각하기도 합니다. 하지만 받아쓰기는 말 그대로 받아서 쓰는 문자 중심의 훈련이고, 글쓰기는 자기 생각을 자신의 어법으로 쓰는 일이기 때문에 엄연히 다릅니다.

안타깝게도 시간이 흐를수록 아이들의 글에는 쓰기 싫어하는 마음이 역력했습니다. 글쓰기를 좋아하는 아이들이 드문 건 사실이지만 상황은 생각보다 심각했습니다. 특히 주말에 있었던 일을 쓸 때는 보고, 먹고, 움직인 일을 나열하다가 마지막에는 '참 재미있었습니다'로 끝나곤 했습니다. '재미있다'는 말은 중간의 많은 감정을 한꺼번에 담고 있어서 다른 문장을 불러오지 않습니다. 글쓰기를 얼른 마치도록 이끄는 유혹적인 말인 셈이죠.

이럴 때 어떤 처방을 내리면 좋을지 고민이 되었습니다. 그때 마침 국어 시간에 옛이야기 《신기한 독》(2학년 교과서 수록)을 낭독해 줄 기회가 있었습니다. 《신기한 독》 이야기를 들으며 아이들은 "진짜 그런 게 있어요?", "그 독에 맛있는 거 넣으면 좋겠다!", "내가 들어가면 어떻게 될까?" 등등 갑자기 손을 번쩍 들며 자신의 생각을 쏟아 내기 시작했습니다. 한 아이는 이렇게 물었습니다. "선생님은 신기한 독에 뭘 넣고 싶어요?"

깜짝 놀랐습니다. 수업 시간만 되면 몸을 배배 꼬는 아이였기 때문입니다. 이런 질문들은 곧 '재미있다'의 다른 표현입니다. 우리는 서로의 이야기 꼬리를 물고 많은 대화를 나누었습니다. 더 하고 싶은 말들은 글로 적어 내기도 했습니다. 그때부터 '이거다!' 하며 옛이야기를 들려주기 시작했습니다. 그러면서 아이들과 옛이야기를 함께 읽고, 쓰고 나누는 과정 자체가 문해력 향상으로 이어질 수 있는 좋은 바탕이 된다는 생각이 들었습니다.

문해력의 기초를 다지려면, 먼저 글과 가까워져야 합니다. 그래서 아이들이 이토록 좋아하는 옛이야기를 녹음해서 들려주기 시작했습니다. 하지만 혼자 1인 5역, 6역을 하려니 힘에 부쳤습니다. 그때 문득 전국 각지를 고향으로 두고 있는 선생님들과 사투리 옛이야기를 녹음하면 어떨까 하는 생각이 들었습니다. 그러자 내용도 재미있지만 실감 나는 사투리까지 곁들인 옛이야기에 아이들은 환호성을 질렀습니다. 저뿐 아니라 옛이야기를 접한 여러 지역의 선생님들과 아이들은 글과 친숙해지는 순간을 매번 맛보았다고 합니다. 옛이야기의 간결하고 단순한 구조, 반복과 대립의 양상은 아이들에게 이어질 이야기를 상상하게 하고, 앞선 내용을 떠올리게 만들어 주기 때문이 아닐까 싶습니다.

옛이야기 속에 등장하는 아이들은 어른에게 가르침을 받는 존재가 아닙니다. 오히려 그 반대입니다. 아이들은 문제를 해결하는 능동적 주체가 됩니다. 또 옛이야기는 할머니, 할아버지, 도깨비, 동물 등 우리 주변과 상상의 인물들을 고루 출연시키며, 관계의 소중함을 떠올리게 합니다. 이런 구성을 갖춘 옛

이야기는 아이들의 상상력을 극대화시켜 글이나 그림으로 표현하고자 하는 욕구를 깊이 자극합니다.

이처럼 옛이야기 나누기를 반복하며, 아이들의 꿈틀거리는 쓰기의 욕구를 확인하게 되었습니다. 그러자 어떻게 하면 이것을 체계적인 글쓰기로 연결할 수 있을지 고민되었습니다. 그러다 옛이야기를 이어나가는 아이들의 모습이 떠올라 '5줄 글쓰기 프로젝트'를 짜 보았습니다.

5줄 글쓰기는 '그냥 따라 쓰기'부터 시작했습니다. 따라 쓰기를 반복하면 문장의 생김새를 저절로 익히게 되면서 점점 글쓰기에 자신감이 붙게 됩니다. 처음에는 옛이야기 문장이나 그림책, 동시 등을 따라 써 보게 하다가 점점 입말이 살아 있는 글을 제시해 주었습니다. 또한 쓰기에 부담을 주지 않도록 분량을 짧게 유지하면서도, 헷갈리는 받침과 쌍자음 등을 넣어 글자 익히기 연습을 유도했습니다. 아이들은 금세 "더 어려운 거 없어요?"라며 글쓰기 앞에 당당해지기 시작했습니다.

그래서 "이제 4줄은 따라 쓰고, 1줄은 지어 써 볼까?" 하며 단계별 활동지를 만들어 주었습니다. 아이들은 이 또한 아주 거뜬히 해 냈습니다. 그렇게 5문장을 기본 틀로 삼아 3줄 따라 쓰고 2줄 짓기, 2줄 따라 쓰고 3줄 짓기 식으로 지어 쓰는 문장을 조금씩 늘려 나갔습니다. 아이들은 쉽다고 했지만, 단계적인 문장 쓰기 연습이 아니었다면 그 정도 글을 쓰는 것도 버거워했을 것입니다. 5줄 글쓰기를 연습한 아이들은 더 이상 일기장의 빈 줄을 두려워하지 않게 되었습니다. 어떤 아이는 두 쪽 가득, 일기를 써 오기도 했습니다.

어쩌면 수백 년에 걸쳐 내려오는 옛이야기의 시작도 큰 고민 없이 만들어 낸 한두 문장에서 비롯되었을지도 모릅니다. 저학년 아이들에게는 옛이야기와 5줄 글쓰기처럼 글에 대한 흥미와 재미가 바탕이 된다면 어휘, 띄어쓰기, 문장 구조 익히기 등 문해력의 기초를 키우는 다양한 훈련도 마냥 힘겹게만 느껴지지는 않을 것입니다.

슬픈 일이지만 현재 아이들 세상에서 책이 TV나 스마트폰의 힘과 견줄 수 없다는 것을 이제는 인정해야 할 때인지도 모르겠습니다. 자신의 생각을 채 정리하기도 전에 수많은 영상의 홍수 속에 함께 쓸려 가고 있는 것 같아 너무 안타깝습니다. 그럼에도 우리는 아이들에게 글쓰기를 통한 자기 표현의 바탕을 가르칠 의무가 있습니다. 글을 쓰는 일은 나와 주변을 해석하는 매우 능동적이고 적극적인 일이며, 그 가치는 여전히 유효하기 때문입니다. 특히 나를 중심으로 돌아가는 저학년 아이들에게는 더욱 그렇습니다.

이 책에 실린 옛이야기를 읽으며, 아이들이 한층 쓰기에 흥미를 느낄 수 있기를 바랍니다. 또한 글쓰기를 어렵고, 힘들게만 느꼈던 아이들이 단계적인 연습을 통해 글쓰기가 한결 수월해지길 바랍니다. 아울러 계속 읽고 쓴다면, 몸과 마음이 단단해지는 글쓰기로 확장될 것을 믿습니다. 이렇게 내 글을 쓸 줄 아는 아이, 나아가 건강한 글을 쓰는 아이는 결국 몸도 마음도 잘 쓰는 아이로 자랄 것입니다. 마지막으로 이 책이 문해력을 키우는 데 중요한 기초를 다지는 바탕이 될 수 있기를 기대해 봅니다.

차성욱

이 책의 활용법

이 책은 아이들의 상상력과 가장 맞닿아 있는 이야기 구조를 가진 옛이야기를 통해 표현하고 싶은 욕구를 글로 이어나갈 수 있도록 꾸렸습니다. 더불어 이어지는 5줄 단계별 글쓰기를 통해 문해력의 기초를 단단히 다질 수 있습니다. 부담 없이 즐기면서 재미있게 시작할 수 있는 글쓰기, 지금부터 도전해 볼까요?

1 하루 1장 옛이야기 읽고 쓰기

하루 1장 옛이야기 읽기

부모님이나 선생님, 친구들과 함께 옛이야기를 소리 내어 읽어 보세요. 옛이야기 느낌을 살려 실감 나게 읽으면서 등장인물의 성격도 생각해 보고, 어떤 상황이 벌어지고 있는지 서로의 의견을 즐겁게 나누면 좋습니다.

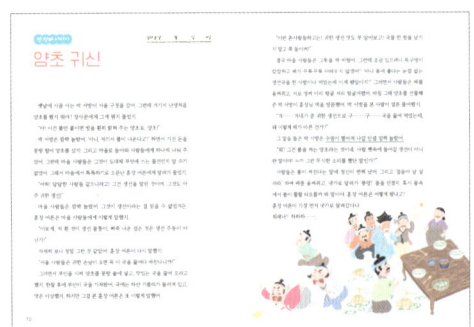
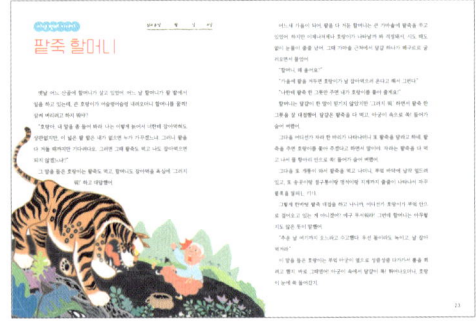

옛이야기 문제 풀고 5줄 글쓰기

물음에 따라 등장인물이 했던 말에 밑줄을 긋고, 다시 한 번 실감 나게 읽어 보세요. 이야기가 더 생생하게 다가오면서 까르르 까르르 웃음이 터져 나올 거예요. 그런 마음을 이어서 주어진 물음에 따라 글로 표현해 보세요. 글쓰기가 한결 편하고 즐겁게 느껴질 거예요.

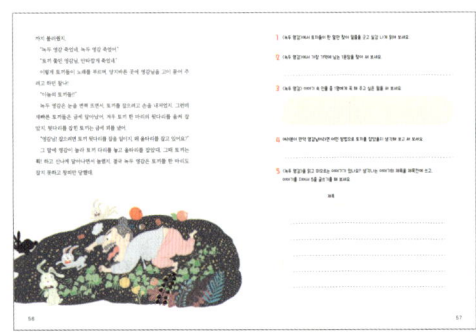

2 하루 1장 5줄 글쓰기

그냥 따라 쓰기

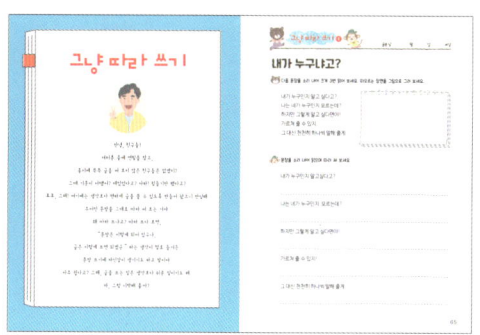

단계별 5줄 글쓰기의 시작은 '그냥 따라 쓰기'입니다. 따라 쓰기를 하다 보면 문장의 생김새와 글의 구조를 자연스럽게 익히게 됩니다. 글자를 하나씩 따라 쓰기보다 꼭 문장 전체를 읽고 의미를 생각하며, 따라 쓰는 게 중요합니다.

1줄 지어 쓰기부터 4줄 지어 쓰기

4줄까지 따라 쓰고, 1줄 지어 쓰기부터 시작합니다. 앞의 4줄을 잘 읽고 이어지는 글을 쓰는 게 중요합니다. 이어지는 문장을 내가 하고 싶은 말로 채워 넣으면 됩니다. 그렇게 1줄이 끝나면 2줄, 3줄, 4줄 지어 쓰기로 이어집니다. 한 단계씩 하다 보면 글쓰기가 저절로 쉬워진다는 느낌을 받을 수 있을 거예요.

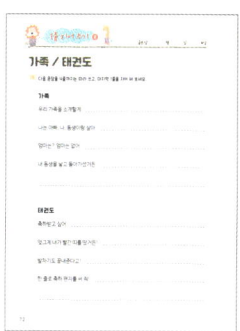 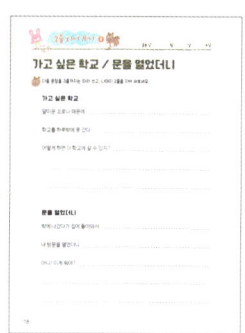 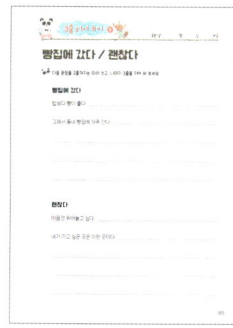 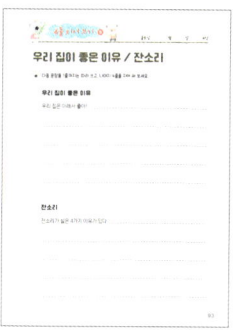

5줄 지어 쓰기

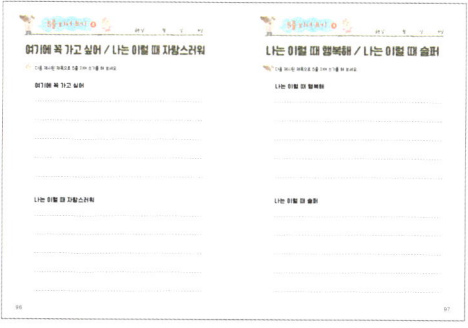

주어진 제목에 따라 앞에서 본 문장들처럼 편하고, 즐겁게 도전해 보세요. 한 문장 한 문장을 쓰면서도 전체 글이 어떻게 이루어지는지 생각해 보면서 씁니다. 5줄 짓기가 쉬워지면 금세 7줄, 10줄도 거뜬히 쓸 수 있게 된답니다.

차례

초대하는 말	2
이 책의 활용법	4

① 옛이야기 하루 1장 읽고 쓰기

첫 번째 이야기 **양초 귀신**	10
두 번째 이야기 **가자미와 망둥이와 낙지**	13
세 번째 이야기 **신기한 독**	16
네 번째 이야기 **방귀쟁이 며느리**	19
다섯 번째 이야기 **팥죽 할머니**	22
여섯 번째 이야기 **젊어지는 샘물**	26
일곱 번째 이야기 **이상한 냄비**	29
여덟 번째 이야기 **방귀 시합**	33
아홉 번째 이야기 **볍씨 한 톨**	36
열 번째 이야기 **소금을 내는 맷돌**	39
열한 번째 이야기 **물산바위와 속초**	43
열두 번째 이야기 **게와 원숭이**	47

열세 번째 이야기	
도깨비의 도움으로 부자가 된 나무꾼	51
열네 번째 이야기	
녹두 영감	55
열다섯 번째 이야기	
종이에 싼 당나귀	58

❷ 하루 1장 5줄 글쓰기

그냥 따라 쓰기 ······ 64
내가 누구냐고? / 나는 숫자야 / 나는 색깔 / 내 나이 / 내 몸

1줄 지어 쓰기 ······ 70
손 / 어린이 / 가족 / 태권도 / 발 / 공룡 / 손과 발 / 마음 / 깜장이 / 나팔꽃

2줄 지어 쓰기 ······ 76
내 얼굴 / 몸을 봤다 / 가고 싶은 학교 / 문을 열었더니 / 꿈 / 나는 아홉 살 / 내가 먹고 싶은 것 / 째려보지 마 / 웃겨서 넘어 간 날 / 오늘은 우울해요

3줄 지어 쓰기 ······ 82
여름 방학 / 뭘 해야 하나? / 우리 집 고양이 / 편의점 여행 / 빵집에 갔다 / 괜찮다 / 산책 나가는 날 / 가을이 와도 운동장 / 우리 반 이야기 / 색깔 방귀

4줄 지어 쓰기 ······ 88
전학 / 선생님 / 나도 아는 사춘기 / 내 친구를 소개합니다 / 숙제 / 우리 가족을 소개합니다 / 내가 좋아하는 음식 / 아빠랑 나랑 / 우리 집이 좋은 이유 / 잔소리

5줄 지어 쓰기 ······ 94
친구 / 거짓말 / 여기에 꼭 가고 싶어 / 나는 이럴 때 자랑스러워 / 나는 이럴 때 행복해 / 나는 이럴 때 슬퍼 / 내가 엄마라면 / 내가 아빠라면 / 내가 경찰관이 된다면 / 내가 대통령이 된다면

정답 ······ 100

옛이야기
하루 l 장
읽고 쓰기

양초 귀신

옛날에 시골 사는 박 서방이 서울 구경을 갔어. 그런데 거기서 난생처음 양초를 봤지 뭐야? 장사꾼에게 그게 뭔지 물었지.

"아! 이건 불만 붙이면 방을 훤히 밝혀 주는 양초요, 양초!"

박 서방은 깜짝 놀랐어. '아니, 저기서 불이 나온다고?' 하면서 가진 돈을 몽땅 털어 양초를 샀지. 그리고 마을로 돌아와 사람들에게 하나씩 나눠 주었어. 그런데 마을 사람들은 그것이 도대체 무엇에 쓰는 물건인지 알 수가 없었어. 그래서 마을에서 똑똑하기로 소문난 훈장 어른에게 달려가 물었지.

"어허! 답답한 사람들 같으니라고! 그건 생선을 말린 것이여. 그것도 아주 귀한 생선!"

마을 사람들은 깜짝 놀랐어. 그것이 생선이라는 걸 믿을 수 없었거든. 훈장 어른은 마을 사람들에게 이렇게 말했지.

"이보게, 저 흰 것이 생선 몸뚱이, 삐죽 나온 검은 것은 생선 주둥이 아닌가!"

자세히 보니 정말 그런 것 같았어. 훈장 어른이 다시 말했지.

"서울 사람들은 귀한 손님이 오면 꼭 이 국을 끓여다 바친다니까!"

그러면서 부인을 시켜 양초를 몽땅 솥에 넣고, 맛있는 국을 끓여 오라고 했지. 한참 후에 부인이 국을 가져왔어. 국에는 하얀 기름띠가 둘러져 있고, 맛은 이상했지. 하지만 그걸 본 훈장 어른은 또 이렇게 말했어.

"이런 촌사람들하고는! 귀한 생선 맛도 못 알아보고! 국물 한 방울 남기지 말고 쭉 들이켜!"

결국 마을 사람들은 그릇을 싹 비웠어. 그런데 조금 있으려니 목구멍이 칼칼하고 배가 꾸룩꾸룩 아파오지 않겠어? '아니 몸에 좋다는 눈깔 없는 생선국을 한 사발이나 먹었는데 이게 웬일이지?' 그러면서 사람들은 배를 움켜쥐고, 서로 엉켜 이리 뒹굴 저리 뒹굴거렸어. 마침 그때 양초를 선물해 준 박 서방이 훈장님 댁을 방문했어. 박 서방을 본 사람이 얼른 물어봤지.

"자…… 자네가 준 귀한 생선으로 구…… 구…… 국을 끓여 먹었는데, 왜 이렇게 배가 아픈 건가?"

그 말을 들은 박 서방은 수염이 떨어져 나갈 만큼 깜짝 놀랐어.

"뭐? 그건 불을 켜는 양초라는 것이네. 사람 뱃속에 들어갈 생선이 아니란 말이야! 누가 그런 무식한 소리를 했단 말인가?"

사람들은 불이 켜진다는 말에 정신이 번쩍 났어. 그리고 '걸음아 날 살려라.' 하며 배를 움켜쥐고, 냇가로 달려가 '풍덩!' 몸을 던졌지. 혹시 몸속에서 불이 활활 타오를까 봐 말이야. 훈장 어른은 어떻게 됐냐고? 훈장 어른이 가장 먼저 냇가로 달려갔다나 뭐래나? 하하하…….

1 〈양초 귀신〉에서 훈장 어른이 한 말만 찾아 밑줄을 긋고 실감 나게 읽어 보세요.

2 〈양초 귀신〉에서 가장 기억에 남는 1문장을 찾아 써 보세요.

------

3 〈양초 귀신〉 이야기 속 인물 중 1명에게 꼭 해 주고 싶은 말을 써 보세요.

4 밑줄 친 "수염이 떨어져 나갈 만큼 깜짝 놀랐어."는 어떤 뜻일까요? 짐작한 뜻을 써 보세요.

------

5 〈양초 귀신〉을 읽고 떠오르는 이야기가 있나요? 생각나는 이야기의 제목을 제목칸에 쓰고, 이야기를 지어서 5줄 글쓰기를 해 보세요.

제목

읽고 쓴 날   월   일   요일

가자미와 망둥이와 낙지

옛날 옛날 바다 밑에 가자미와 망둥이와 낙지가 살고 있었대. 셋은 가끔 만나서 바닷속 이야기를 나누는 친구였지. 그런데 어느 날 망둥이가 꿈을 꾸었는데, 꿈속에서 흰 줄을 타고 높이 높이 올라가더니, 좋은 자리에서 아래를 내려다보며 큰소리를 쳤대.

꿈에서 깬 망둥이는 그 꿈이 계속 생각났어. 그래서 가자미 친구에게 꿈 이야기를 해 줬지.

"아, 글쎄 꿈속에서 말이야, 내가 흰 줄을 타고 저 높이 올라가서, 아래쪽을 내려다보며 큰소리로 떵떵거리지 뭐야? 이 꿈은 분명 내가 용왕님을 모시는 큰 벼슬을 할 거라고 알려 주는 것 같지 않은가?"

그 말을 잠자코 듣던 가자미는 이렇게 말했어.

"음…… 내가 생각할 때는 말일세, 흰 줄을 타고 높이 올라간 것은 아마 낚싯줄에 걸려서 올라간 것 같고, 자네가 말한 좋은 자리는 도마 위를 말하는 것 같군. 그리고 큰소리를 쳤다는 것은 칼을 보고 무서워서 '꽥!' 하고 내는 소리가 딱 맞을 걸세."

이 말을 들은 망둥이는 기분이 어땠을까? 맞아. 그 말을 듣자마자 <u>머리 끝까지 화가 났어</u>. 그리고 바로 가자미의 눈 등을 '콱!' 하고 쥐어박았지.

13

허허. 화가 난다고 친구를 때렸군. 그 바람에 가자미 두 눈이 한군데로 모여 버렸다는 거야.

가자미도 화가 났어. 그래서 낙지한테 찾아가 말했어.

"아이고! 열 받아! 이보게 낙지 양반! 내가 망둥이한테 꿈풀이를 해 줬더니 내 눈을 이렇게 만들어 놓지 않았겠나? 이 일을 어쩌면 좋겠나?"

"걱정하지 마시게. 내가 가서 망둥이를 혼내 주겠네!"

낙지는 이렇게 말하면서도 자기도 망둥이한테 맞아서 한쪽으로 눈이 모일까 봐 걱정이 되었어. 그래서 어떻게 했는 줄 알아? 겁이 난 낙지는 미리 자기 두 눈을 빼서 꽁무니에 달고 망둥이를 찾아갔지.

그때부터 가자미는 두 눈이 한군데로 모이게 되고, 낙지는 두 눈이 꽁무니에 매달리게 되었대.

1 〈가자미와 망둥이와 낙지〉에서 가자미가 한 말만 찾아 밑줄을 긋고 실감 나게 읽어 보세요.

2 〈가자미와 망둥이와 낙지〉에서 가장 기억에 남는 1문장을 찾아 써 보세요.

------

3 〈가자미와 망둥이와 낙지〉 이야기 속 인물 중 1명에게 꼭 해 주고 싶은 말을 써 보세요.

4 밑줄 친 "머리 끝까지 화가 났어."라는 말은 어떤 뜻일까요? 짐작한 뜻을 써 보세요.

------

5 〈가자미와 망둥이와 낙지〉를 읽고 떠오르는 이야기가 있나요? 생각나는 이야기의 제목을 제목칸에 쓰고, 이야기를 지어서 5줄 글쓰기를 해 보세요.

제목

신기한 독

　옛날에 한 농사꾼이 밭에서 열심히 괭이질을 하고 있는데, 괭이 끝에 '땡그랑' 하고 부딪치는 소리가 나지 뭐야?

　'도대체 이 흙밭에 뭐가 있나.' 하고 살펴보니 커다란 독이 하나 나오잖아? 가난한 농사꾼은 그게 무슨 쓰임새라도 될까 싶어 집으로 가져왔지. 그러고는 빈 독에 밭에서 쓰던 괭이 하나를 던져 넣어 뒀어.

　다음 날 농사꾼이 다시 밭에 가려고 괭이를 찾았어. 아니 그랬더니 독 안에 괭이가 2자루나 있지 뭐야. '이게 웬일이래?' 하고 곰곰이 생각하다가 문득 동전 1개를 독 안에 넣어 봤지. 어랏! 이게 무슨 일이야? 동전이 2개가 돼서 나오는 거야!

　농사꾼은 아내를 불러 신기한 독을 보여 주고, 이 독을 잘 간수하라고 일러두었지. 그런데 어느새 이 독에 대한 소문이 멀리 퍼져 나갔어. 얼마 뒤 이 마을에 사는 욕심 많은 영감이 신기한 독을 보러 찾아왔지.

　"그 독은 내 것이야! 어서 내놓게!"

　농사꾼은 황당해서 펄쩍 뛰었지. 하지만 영감은 이렇게 말했어.

　"자네가 독을 캐 낸 밭은 대대로 우리 조상님 밭이야. 우리는 자네한테 밭을 팔았지 그 독을 판 적은 없네. 원래부터 그 독은 우리 밭에 있었으니, 내 것이지, 암!"

　농사꾼이 가만히 듣고 보니 하나도 틀린 말이 없어. 그래서 순순히 독을 내주려고 했지. 하지만 동네 사람들은 욕심 많은 영감이 억지소리를 한다면서 돌려줄 필요가 없다고 했어. 그러고는 원님한테 가서 공평한 재판을 받아 보라고 했지. 결국 두 사람은 관아로 달려갔고, 둘의 말을 들은 원님은 올바른 판단을 내릴 생각은 하지 않고, 슬슬 독에 욕심이 생겼어.

"과연 그것은 참 신기한 독이로구나! 너희가 그 독으로 싸우게 되었으니, 누구 한 사람이 그 독을 갖게 되면 싸움이 계속 벌어지겠구나. 그렇다면 그 독을 관가에 바치거라!"

두 사람은 원님의 말에 불만이 있었지만 아무 말도 하지 못했어. 그렇게 두 사람이 독을 두고 가자 원님은 금세 독을 자기 집으로 옮겨 놨어. 자기 집 재산이 늘어날 생각을 하니 너무 기분이 좋았지.

그런데 큰 일이 났지 뭐야? 아, 글쎄 원님이 모시고 있는 여든이 넘은 늙은 아버지가 '큰 독 안에 무엇이 들어 있나?' 하고 굽어보다가 '훌렁!' 독 안으로 빨려 들어간 거야. 사람들은 이걸 보고 얼른 원님의 아버지를 꺼냈지. 아! 그런데 꺼낸 아버지 뒤로 다시 아버지가 나오지 뭐야. 그래서 그 아버지도 꺼냈지. 그런데 그 뒤로 또 아버지가 있고, 또 아버지가 있고, 아버지가 있고……. 그래서 어떻게 됐냐고? 너희가 한 번 상상을 해 봐!

1 〈신기한 독〉에서 원님이 한 말만 찾아 밑줄을 긋고 실감 나게 읽어 보세요.

2 〈신기한 독〉에서 가장 기억에 남는 1문장을 찾아 써 보세요.

----

3 〈신기한 독〉 이야기 속 인물 중 1명에게 꼭 해 주고 싶은 말을 써 보세요.

4 독 안에서 아버지가 계속 나오는 것을 본 원님의 마음은 어땠을까요?

----

5 〈신기한 독〉을 읽고 떠오르는 이야기가 있나요? 생각나는 이야기의 제목을 제목칸에 쓰고, 이야기를 지어서 5줄 글쓰기를 해 보세요.

제목

방귀쟁이 며느리

옛날 어느 마을에 시집을 온 며느리가 있었어. 며느리는 남편은 물론 시아버지, 시어머니와 함께 살았지. 그런데 시아버지가 며느리 얼굴을 가만 보니까 얼굴이 날마다 노랗게 변하는 거야. 시아버지는 며느리에게 무슨 걱정이 있냐고 물었지. 그랬더니 며느리가 수줍게 말했어.

"제가…… 방귀를 못 뀌어서 그래요."

"허허허, 그런 거라면 괜찮다. 네 마음대로 방귀를 뀌어라."

"그럼, 아버님은 저 기둥을 잡으시고, 어머님은 솥뚜껑을 잡으세요. 서방님은 문고리를 꽉 잡으셔야 해요. 안 그러면 큰일 납니다."

그러고는 며느리가 방귀를 '뿌웅!' 하고 뀌었는데, 시아버지는 기둥을 붙잡고도 다리가 들썩들썩, 시어머니가 잡은 솥뚜껑이 스르륵스르륵, 남편이 잡은 문고리가 철커덕철커덕 흔들거리더래. 결국 참다 못 한 시아버지가 말했어.

"이제 고만! 고만! 뀌어라!"

그런 일을 한바탕 겪고 나니까 시아버지의 생각이 달라졌어. 그래서 며느리한테 말했지.

"애야, 미안하지만 너랑은 도저히 같이 못 살겠다. 같이 살다가는 우리 집이 다 날아가겠어."

그래서 결국 시댁에서 쫓겨난 며느리는 짐을 싸서 친정집으로 가야 했어.

한 고개, 두 고개를 넘어 걸어가는데, 큰 배나무 아래 두 사람이 앉아 이야기를 나누고 있었어.

"아, 저 배를 잔뜩 따 주는 사람이 있으면, 내가 가진 비단을 나눠 줄 텐데."

그랬더니 옆 사람도 맞장구치며 말했어.

"맞아, 이럴 때 저 배를 먹을 수 있게만 해 주면, 내가 가진 소금도 줄 수 있는데."

이 말을 들은 며느리는 자기가 배를 따 줄 수 있다고 말했지. 그랬더니 두 사람이 저 배를 따 주면 비단과 소금을 주겠다고 했어.

잠시 후 며느리는 방귀를 '뽕' 하고 뀌었지. 그랬더니 저 높이 매달린 탐스러운 배들이 후드득후드득 떨어져 내리지 뭐야? 그래서 비단 장수와 소금 장수는 약속대로 물건을 나눠 주었지. 그때 아내를 뒤따라오던 남편을 만나 다시 집으로 돌아갔대. 비단과 소금을 잔뜩 가져온 며느리를 본 시아버지와 시어머니는 반갑게 며느리를 맞아 주었대. 미안해하기도 하면서 말이야.

1 〈방귀쟁이 며느리〉에서 며느리가 한 말만 찾아 밑줄을 긋고 실감 나게 읽어 보세요.

2 〈방귀쟁이 며느리〉에서 가장 기억에 남는 1문장을 찾아 써 보세요.

----

3 〈방귀쟁이 며느리〉 이야기 속 인물 중 1명에게 꼭 해 주고 싶은 말을 써 보세요.

4 밑줄 친 "이제 고만! 고만! 뀌어라!"는 시아버지가 며느리에게 한 말이에요. 여러분이 시아버지라면 어떤 말을 했을지 써 보세요.

----

5 〈방귀쟁이 며느리〉를 읽고 떠오르는 이야기가 있나요? 생각나는 이야기의 제목을 제목칸에 쓰고, 이야기를 지어서 5줄 글쓰기를 해 보세요.

제목

다섯 번째 이야기

팥죽 할머니

읽고 쓴 날   월   일   요일

옛날 어느 산골에 할머니가 살고 있었어. 어느 날 할머니가 팥 밭에서 일을 하고 있는데, 큰 호랑이가 어슬렁어슬렁 내려오더니 할머니를 꿀꺽! 삼켜 버리려고 하지 뭐야?

"호랑아, 내 말을 좀 들어 봐라. 나는 이렇게 늙어서 너한테 잡아먹혀도 상관없지만, 이 넓은 팥 밭은 내가 없으면 누가 가꾸겠느냐. 그러니 팥을 다 거둘 때까지만 기다려다오. 그러면 그때 팥죽도 먹고 나도 잡아먹으면 되지 않겠느냐?"

그 말을 들은 호랑이는 팥죽도 먹고, 할머니도 잡아먹을 욕심에 '그러지 뭐!' 하고 대답했어.

어느새 가을이 되어, 팥을 다 거둔 할머니는 큰 가마솥에 팥죽을 쑤고 있었어. 하지만 이제나저제나 호랑이가 나타날까 봐 걱정돼서, 시도 때도 없이 눈물이 줄줄 났어. 그때 가마솥 근처에서 달걀 하나가 떼구르르 굴러오면서 물었어.

"할머니, 왜 울어요?"

"가을에 팥을 거두면 호랑이가 날 잡아먹으러 온다고 해서 그런다."

"나한테 팥죽 한 그릇만 주면 내가 호랑이를 쫓아 줄게요!"

할머니는 달걀이 한 말이 믿기지 않았지만 '그러지 뭐.' 하면서 팥죽 한 그릇을 잘 대접했어. 달걀은 팥죽을 다 먹고, 아궁이 속으로 쏙! 들어가 숨어 버렸어.

그다음 어디선가 자라 한 마리가 나타나더니 또 팥죽을 달라고 하네. 팥죽을 주면 호랑이를 쫓아 주겠다고 하면서 말이야. 자라는 팥죽을 다 먹고 나서 물 항아리 안으로 쏙! 들어가 숨어 버렸어.

그다음 또 개똥이 와서 팥죽을 먹고 나더니, 부엌 바닥에 납작 엎드려 있고, 또 송곳이랑 절구통이랑 멍석이랑 지게까지 줄줄이 나타나서 자꾸 팥죽을 달라는 거야.

그렇게 한바탕 팥죽 대접을 하고 나니까, 어디선가 호랑이가 부엌 안으로 걸어오고 있는 게 아니겠어? 에구 무서워라! 그런데 할머니는 아무렇지도 않은 듯이 말했어.

"추운 날 여기까지 오느라고 수고했다. 우선 몸이라도 녹이고, 날 잡아 먹거라."

이 말을 들은 호랑이는 부엌 아궁이 옆으로 성큼성큼 다가가서 불을 쬐려고 했지. 바로 그때였어! 아궁이 속에서 달걀이 톡! 튀어나오더니, 호랑이 눈에 쏙 들어갔지.

"아이쿠 눈이야!"

호랑이는 비틀거리면서 눈을 씻으려고 물 항아리에 손을 넣었지. 그랬더니, 자라가 호랑이 손을 콱! 하고 물었어.

"아이쿠 손이야!"

또 화들짝 놀라 뒷걸음질을 치는데, 바닥에 엎드려 있던 개똥을 푹! 하고 밟았네. 똥을 밟고 기우뚱하다가 날카로운 송곳 위로 넘어졌지.

"아이히히 아히야!"

송곳에 찔려 도망치려던 호랑이 머리 위로 절구통이 쿵! 하고 떨어졌어. 머리에 무거운 돌덩이를 맞은 호랑이는 정신을 못 차리고 쓰러졌어. 그때 마당에 있던 멍석이 오더니 호랑이를 둘둘둘 말아 버렸어. 그러자 어디선가 지게가 달려오더니 멍석에 말려 있는 호랑이를 어깨에 척! 하고 짊어지고 강물에 휙! 던져 버렸대. 이렇게 해서 욕심 많은 호랑이는 죽게 되었고, 할머니는 달걀이랑 자라랑 개똥이랑 송곳이랑 절구통이랑 멍석이랑 지게랑 오래오래 재미나게 살았대. 해마다 가을에 팥죽을 나눠 먹으면서 말이야!

1 〈팥죽 할머니〉에서 할머니가 한 말만 찾아 밑줄을 긋고 실감 나게 읽어 보세요.

2 〈팥죽 할머니〉에서 가장 기억에 남는 1문장을 찾아 써 보세요.

----

3 〈팥죽 할머니〉 이야기 속 인물 중 1명에게 꼭 해 주고 싶은 말을 써 보세요.

4 밑줄 친 "해마다 가을에 팥죽을 나눠 먹으면서 말이야!"라는 문장은 어떤 뜻일까요? 짐작한 뜻을 써 보세요.

----

5 〈팥죽 할머니〉를 읽고 떠오르는 이야기가 있나요? 생각나는 이야기의 제목을 제목칸에 쓰고, 이야기를 지어서 5줄 글쓰기를 해 보세요.

제목

읽고 쓴 날   월   일   요일

젊어지는 샘물

　옛날 어느 마을에 할아버지 할머니가 살고 있었어. 그런데 이 두 분에게는 자식이 없었지. 그래도 오순도순 정답게 살았어. 그러던 어느 날 할아버지가 나무를 하러 산에 갔지. 그런데 지게 위에 예쁜 새 한 마리가 날아와 앉지 뭐야?

　'저 새를 잡아다 부잣집에 팔면 쌀을 많이 얻을 수 있겠지?' 이렇게 생각한 할아버지는 나무를 하다 말고 새를 쫓아갔어. 그렇게 한참 새를 쫓아가니까 깊은 산속으로 들어와 있지 뭐야. 새는 이미 멀리 가 버렸고, 배는 고프고, '허허, 이거 헛일을 했군.' 하며 후회를 하던 참에 어디선가 좔좔좔좔 물소리가 들려. 마침 목이 말라 물이 마시고 싶었는데 잘되었구나 싶었지. 그래서 샘 앞에 무릎을 꿇고 고개를 숙여 1번, 2번, 3번 벌컥벌컥 들이마셨어. 아주 꿀맛이었지. 물을 마시고 숨을 크게 쉬니까 아니 글쎄! 굽었던 허리가 주욱 펴지고, 살갗이 부드러워지는 거 있지?

　'어? 이거 이상하다?' 그러면서 얼룽덜룽 춤추는 물 위에 얼굴을 비춰 보니까, 할아버지 젊었을 때의 얼굴이 거기에 있지 뭐야?

　할아버지는 기분이 너무 좋아서 집으로 내려왔어. 할머니한테 이 사실을 얼른 알려 주고 싶어서 말이야. 할머니는 어떤 젊은이가 덩실덩실 집으로 뛰어오니까 깜짝 놀랐어. 그 젊은이가 자기 남편인 줄도 모르고 말이야.

　할아버지 아니 젊은이는 있었던 일을 할머니에게 다 이야기를 해 주고 나서, 함께 샘물로 가 보았지. 그러고는 할머니도 샘물을 1번 마시고, 2번 마시고, 3번 마시고……. 어떻게 되었을까? 그래, 할머니도 젊을 때 고운 얼굴을 다시 찾고 너무 기분이 좋았어.

"우리 이웃집 박 영감한테도 가서 얼른 이 사실을 알려 주자고!"

둘이 마을로 내려가서 박 영감을 불러 이야기를 했지. 그 길로 박 영감은 그 샘물을 찾아 산으로 올라갔어.

젊어진 할아버지, 할머니는 박 영감이 언제 젊어져 내려오나 기다렸어. 그런데 하루가 지나도 내려올 생각을 안 해. 슬슬 걱정되기 시작했지. 호랑이한테 물려갔을지도 모르니까 말이야. 그래서 부부는 날이 밝자마자 박 영감을 찾아 나섰어. 샘물 앞에 딱 다다르자, 박 영감 옷 안에 웬 아기가 있지 않겠어? 이 아기는 누구일까? 그래, 맞아! 그 아기는 바로 박 영감이었던 거야. 박 영감은 꼭 3번만 마시라는 말을 어기고 욕심을 부려 너무 많이 마셨던 거지.

할머니가 아기를 딱 안아 보니 너무 예쁘게 생글생글 거리거든? 그래서 부부는 아기를 키우기로 했지. <u>나이 많은 아기</u>를 말이야. 그러고 나서 부부는 아기랑 오래오래 행복하게 잘 살았대.

1 〈젊어지는 샘물〉에서 할아버지의 생각을 표현한 문장을 찾아 밑줄을 긋고 실감 나게 읽어 보세요.

2 〈젊어지는 샘물〉에서 가장 기억에 남는 1문장을 찾아 써 보세요.

------

3 〈젊어지는 샘물〉 이야기 속 인물 중 1명에게 꼭 해 주고 싶은 말을 써 보세요.

4 밑줄 친 "나이 많은 아기"는 누구였을까요? 왜 "나이 많은 아기"가 되었는지, 그 이유를 써 보세요.

------

5 〈젊어지는 샘물〉을 읽고 떠오르는 이야기가 있나요? 생각나는 이야기의 제목을 제목칸에 쓰고, 이야기를 지어서 5줄 글쓰기를 해 보세요.

제목

일곱 번째 이야기

이상한 냄비

　옛날 어느 마을에 가난한 선비가 살고 있었어. 그런데 이 선비는 매일 밥만 먹으면 공부밖에 몰라. 그래서 집안일은 하나도 안 했지. 그럼 누가 했냐고? 선비 아내가 다 했지 뭐! 하루는 아내가 마당에 벼를 쭉 널어놓고 들에 일을 하러 나갔어. 그런데 갑자기 비가 오는 거야. 그러자 많은 비에 벼가 쓸려 내려가 버렸어. 더 황당한 일은 그때 선비는 방 안에서 공부를 하고 있었다는 거야. 들에서 돌아온 아내는 속이 터졌지.

"난 이렇게는 못 살아요! 그놈의 공부보다 사람이 먹고살아야지요!"

　아내의 말을 가만 듣고 있던 선비는 그날로 돈을 벌러 나갔어. 하지만 그동안 비가 오나 눈이 오나 공부만 하던 선비가 뭘 할 줄 알겠어? 그냥 터벅터벅 길을 걷고 있을 때였어. 한참 가다 보니까, 논두렁에 올챙이들이 새까맣게 모여서 꼼지락꼼지락하지 않겠어? 그런데 가만 보니, 물이 말라서 올챙이들이 다 죽게 생겼단 말이야. '이제 갓 태어난 것들이 죽으면 안 되지.' 하면서 선비는 올챙이들을 손으로 모아 논 옆 연못가로 옮겨 주고는 다시 길을 떠났어.

가다 보니 큰 마을이 나왔지. 거기서 돈이 될 만한 일은 다 했어. 논에서 일도 하고, 지게로 나무도 져 날라다 주고, 뙤약볕 아래서 밭도 매 주었지. 하지만 아무리 일을 해도 돈이 모이질 않았어. 그래서 아내에게 돌아가기로 결심했지. 집에 가서 낮에는 일하고, 밤에는 공부하면서 아내를 도와주기로 한 거야.

선비가 다시 터덜터덜 집으로 돌아가는 길에 올챙이를 살려 준 연못가를 지나게 되었지. 그러자 연못가에서 개구리들이 풀떡풀떡 튀어나오지 않겠어?

"야! 너희, 진짜 반갑다! 내가 집 나올 때 논에서 떠다 놓은 올챙이들이 이렇게 컸구나!"

개구리들은 그 말을 알아듣기라도 한 듯 더 크게 울면서 냄비 하나를 머리로 밀면서 가져왔어. 그러고는 '깨구락구락 깨구락구락' 하면서 더 큰 소리로 울었어. 그 냄비는 집에서 쓰는 냄비보다도 훨씬 낡아 보였어. 하지만 개구리들이 준 선물이니까 껄껄 웃으면서 집으로 가져갔지.

아내는 몇 달 동안 보이지 않던 남편이 돈은커녕 길가에 굴러다닐 법한 찌그러진 냄비를 가져온 것을 보고 이맛살을 잔뜩 찌푸렸어.

"아니, 여태 어디서 무얼 하고는 쌀 한 됫박도 아니고, 헌 냄비 쪼가리만 가져온 거예요?"

"허허, 너무 그러지 마소. 그래도 고생을 했는데, 배고프니까 밥이라도 줘요."

"밥이 어딨다고 그래요? 지금은 이렇게 쌀 한 톨밖에 없단 말이에요."

"그럼, 이 냄비에 한 톨만이라도 넣어 지어 주오."

결국 아내는 남편이 가져온 냄비에 쌀 한 톨을 넣고 밥을 지었어. 뚜껑을 연 아내가 깜짝 놀라며 말했어.

"여보! 이것 좀 와서 봐요! 쌀밥이 가득해요."

그 냄비는 뭐 하나를 넣으면 가득 차서 나오는 이상한 냄비였어. 개구리들이 올챙이 때 살려 준 선비한테 은혜를 갚으려고 보내준 거였지. 그때부터 선비는 부자가 되어 행복하게 잘 살았대.

1 〈이상한 냄비〉에서 선비가 한 말을 찾아 밑줄을 긋고 실감 나게 읽어 보세요.

2 〈이상한 냄비〉에서 가장 기억에 남는 1문장을 찾아 써 보세요.

3 〈이상한 냄비〉 이야기 속 인물 중 1명에게 꼭 해 주고 싶은 말을 써 보세요.

4 밑줄 친 "뭐 하나를 넣으면 가득 차서 나오는 이상한 냄비"가 여러분 손에 있다면 무엇을 넣을지 써 보세요.

5 〈이상한 냄비〉를 읽고 떠오르는 이야기가 있나요? 생각나는 이야기의 제목을 제목칸에 쓰고, 이야기를 지어서 5줄 글쓰기를 해 보세요.

제목

여덟 번째 이야기

방귀 시합

　옛날에 방귀를 잘 뀌는 아낙이 살고 있었대. 그 아낙은 동네에서 방귀를 제일 잘 뀌는 사람으로 유명했대. 창피하지 않았냐고? 창피해하기는커녕 당당하게 방귀를 뀌고, 사람들한테도 자랑삼아 이야기해서, 사람들도 엄지를 척! 하고 들어줬대.

　그런데 강 건너 이웃 마을에도 방귀를 잘 뀌는 사내가 살고 있었대. 이 소문을 들은 아낙은 콧방귀를 뿡~ 하고 뀌면서 이렇게 말했대.

　"쳇! 방귀를 잘 뀌면 얼마나 잘 뀐다고! 웃기고 있네."

　그 소식을 들은 사내는 자기 방귀를 무시했다고 화가 났지. 그래서 강 건너 아낙네 집까지 쳐들어갔어. 여기저기 살펴봤지만 아낙은 없고, 아들만 아궁이 옆에서 놀고 있지 뭐야? 그런데 아낙을 찾는 사내에게 아들이 이렇게 말하며 슬슬 약을 올렸어.

　"아저씨가 아무리 방귀를 잘 뀌어도 우리 엄마는 못 당할걸요?"

　이 말을 들은 사내는 화가 나서 아들을 향해 방귀를 "뿌우붕뽕 부우붕 붕" 하고 뀌어 버렸지. 아니, 그랬더니 글쎄! 방귀 바람에 아들이 쏙! 하고 아궁이 속으로 들어가더니 구들을 지나 굴뚝으로 쑥! 하고 나오지 뭐야? 온몸에 검댕이를 새까맣게 묻혀 가지고 말이야.

　집으로 돌아와 아들을 본 아낙은 어땠겠어? 방귀 좀 잘 뀐다고 아들을 이렇게 만들어 놓다니 너무 화가 났지. 그래서 방금 나간 사내를 막 쫓아갔어. 그랬더니 강 건너 언덕을 넘어가고 있단 말이야. 아낙은 금세 꾀를 내었어. 방귀 바람으로 빨래 방망이를 날려 보내기로 한거야.

"뿌부붕 붕부르 붕붕!"

아낙이 방귀를 뀌자 빨래 방망이가 휘이잉! 하고 날아갔어. 사내는 언덕을 넘다가 하늘에서 천둥소리가 들려서 돌아보니, 무슨 빨래 방망이가 하늘을 날아 자기 쪽으로 날아오지 않겠어? 그래서 자기도 얼른 궁둥이를 쳐들고 맞방귀를 뀌었지.

"부부붕 방방부루붕!"

잘 날아가던 빨래 방망이는 도로 아낙이 있는 곳으로 날아오고 있지 뭐야?

아낙은 지지 않고 다시 방귀를 뀌었어. 그걸 보고 사내도 맞방귀를 뀌었지. 이렇게 강을 사이에 두고 계속 빨래 방망이가 왔다갔다 하더래.

그렇게 둘이서 <u>젖 먹던 힘까지 다 쓰다</u> 보니, 방망이가 강 위에서 오도 가도 못 하고 그만 강물 속으로 떨어지고 말았대. 그 바람에 강에서 놀던 물고기들이 빨래 방망이를 맞았는데, 방망이를 등에 맞은 물고기는 새우가 되었대. 방귀 때문에 멀쩡한 물고기가 새우가 되었다니, 믿어지니?

1 〈방귀 시합〉에서 방귀 소리를 표현한 문장에 밑줄을 긋고 실감 나게 읽어 보세요.

2 〈방귀 시합〉에서 가장 기억에 남는 1문장을 찾아 써 보세요.

3 〈방귀 시합〉 이야기 속 인물 중 1명에게 꼭 해 주고 싶은 말을 써 보세요.

4 밑줄 친 "젖 먹던 힘까지 다 쓰다."라는 말은 어떤 뜻일까요? 짐작한 뜻을 써 보세요.

5 〈방귀 시합〉을 읽고 떠오르는 이야기가 있나요? 생각나는 이야기의 제목을 제목칸에 쓰고, 이야기를 지어서 5줄 글쓰기를 해 보세요.

제목

읽고 쓴 날   월   일   요일

볍씨 한 톨

옛날에 한 노인이 있었어. 그 노인은 젊어서부터 농사를 열심히 지었지. 그래서 아들 셋과 며느리 셋까지 모두 잘 먹고, 잘 살 만큼 살림을 장만했지. 이제 나이가 들어 살림을 물려줄 때가 왔어. 그래서 며느리 셋을 불러 어떤 며느리가 살림을 잘 할지 시험해 보기로 했어.

먼저 맏며느리를 불러서 볍씨 한 톨을 주면서 말했어.

"자, 여기 아주 귀한 것이 있으니 받아라."

맏며느리는 무슨 금은보화를 주시는 줄 알고 두 손으로 공손하게 받았는데, 에게게? 이게 뭐야? 볍씨 한 톨이잖아? 그래서 맏며느리는 볍씨를 휙 던지며 이렇게 말했대.

"에이, 우리 아버님 농담도 잘 하셔!"

노인은 둘째 며느리를 불러서 역시 볍씨 한 톨을 주면서 말했어.

"자, 여기 아주 귀한 것이 있으니 잘 간수해라."

그러니까, 둘째 며느리도 '이게 도대체 뭔가?' 하고 자세히 들여다보니, 겨우 볍씨 한 톨이거든?

"아하하하, 우리 아버님 장난도 심하시지."

둘째 며느리는 나오는 길에 볍씨를 손끝으로 야무지게 까서 홀라당 입 속으로 집어넣었대.

마지막으로 노인은 막내 며느리를 불렀어. 그리고 역시 볍씨 한 톨을 줬어. 볍씨 한 톨을 받아 든 막내 며느리는 방을 나오면서 생각했어.

'아버님은 분명 깊은 뜻이 있어 이걸 주셨을 거야.' 하면서 그걸 어디에 쓸지 곰곰이 궁리했어. 그러다가 마당 구석에 볍씨 한 톨을 갖다 놓고는 그 위에 올가미를 씌워 참새 한 마리를 잡았지. 그런데 마침 옆집에서 참새를 약으로 쓴다고 구하러 다니잖아? 그래서 옆집에 참새를 주고, 달걀 하나를 얻었어. 그러니까 얼마 뒤 달걀에서 병아리가 나오고, 곧 큰 암탉이 되었어. 그 암탉이 또 여러 개의 알을 낳지 뭐야? 곧 닭이 아주 많아졌지.

막내 며느리는 아주 신이 났어. 닭 여러 마리를 팔아 돼지를 사고, 돼지를 잘 키워서 다시 소를 샀거든. 또 소가 새끼를 낳자 소를 팔고 농사지을 땅을 샀어.

3년이 지난 어느 날, 시아버지가 또 며느리들을 불렀어. 그리고 볍씨 한 톨을 가지고 어떻게 했는지 물었지. 맏며느리랑 둘째 며느리는 할 말이 없었어. 그런데 막내 며느리의 말을 듣고는 무릎을 탁! 쳤어. 그러고는 이렇게 말하며 살림을 며느리들에게 모두 물려주었대.

"그래, 내가 너희 셋에게 똑같이 볍씨 한 톨을 나눠 주었는데, 막내는 그것으로 살림을 크게 일구었다. 앞으로 막내의 지혜를 잘 본받고 서로 우애 있게 잘 살아가거라."

1 〈볍씨 한 톨〉에서 시아버지가 며느리들에게 한 말에 밑줄을 긋고 실감 나게 읽어 보세요.

2 〈볍씨 한 톨〉에서 가장 기억에 남는 1문장을 찾아 써 보세요.

------

3 〈볍씨 한 톨〉 이야기 속 인물 중 1명에게 꼭 해 주고 싶은 말을 써 보세요.

4 밑줄 친 "아버님은 분명 깊은 뜻이 있어 이걸 주셨을 거야."에서 노인의 깊은 뜻을 짐작해 써 보세요.

------

5 〈볍씨 한 톨〉을 읽고 떠오르는 이야기가 있나요? 생각나는 이야기의 제목을 제목칸에 쓰고, 이야기를 지어서 5줄 글쓰기를 해 보세요.

제목

열 번째 이야기

소금을 내는 맷돌

읽고 쓴 날   월   일   요일

    옛날 옛날 어느 마을에 가난한 농사꾼이 살았어. 그런데 이 사람은 가난해도 너무 가난했어. 겨울이 되었는데 먹을 양식이 없어서 한동네 사는 형님네에서 좁쌀 한 바가지를 얻은 게 전부일 정도였다니까.

    어느 날, 좁쌀 바가지를 들고 길을 가는데, 웬 거지 노인이 등에 맷돌을 짊어지고 담 밑에 쓰러져 있지 뭐야? 그냥 보고 지나칠 수가 있나. 농사꾼은 노인을 업고, 맷돌은 겨우 움켜쥐고 집으로 돌아왔어. 그리고 그날 얻어 온 좁쌀로 죽을 끓여서 노인을 먹였지. 자기도 배가 너무 고팠지만 죽어 가는 사람은 살려야 하니까 어쩔 수 없었어. 그랬더니, 노인이 눈을 슬금슬금 뜨면서 이렇게 말하는 거야.

"아니, 여보시오. 내 맷돌! 맷돌 못 봤소?"

"아이고, 염려 붙들어 매시오. 저기 잘 간수해 뒀습니다."

농사꾼이 이렇게 말하자, 노인이 대답했지.

"아, 다행이오. 다 늙어서 큰 은혜를 입었으니, 저 맷돌을 드리겠소. 내가 가진 것은 저것뿐이라오."

이튿날 일어나 보니까, 노인은 온데간데없고 맷돌만 덩그러니 남아 있었지. 그런데 생각해 봐. 맷돌이 있으면 뭘 하겠어? 맷돌에 넣을 곡식이 없는데 말이지. 맷돌은 곡식을 가는 도구야. 가난한 농사꾼은 곡식도 없이 맷돌을 받아 들고는 한참을 멍하니 쳐다보다가, 먹을 것을 떠올리면서 빈 맷돌을 돌리기 시작했어.

"아이쿠야, 배도 고픈데 이 맷돌에서 하얀 쌀이 살살살~ 하고 나오면 좋겠다!"

그랬더니 엥? 진짜 쌀이 살살살~ 하고 나오는 거야. 농사꾼은 눈이 휘둥그레졌지. 그래서 다시 "떡, 나와라!" 하고 돌리니 떡이 나오고, "옷, 나와라!" 하면서 돌리니 옷이 나오는 거야. 농사꾼은 너무 신이 났어. 그렇게 얻은 물건이나 양식들을 주변 사람들한테도 나눠 줬지.

그런데 이런 소문을 그 동네 부자가 들었어. 그 부자는 신기한 맷돌을 갖고 싶어서 이런 궁리 저런 궁리를 하다가 결국 그 맷돌을 훔쳐 달아났어.

넓은 들판을 지나고, 산을 넘고 또 넘고, 결국 바다가 나오자 배를 타고 먼바다까지 나갔어. 그래서 주변에 아무도 없는 것을 보고는 맷돌을 갈기 시작했어. 맷돌을 갈면서 뭘 나오게 할까 궁리궁리하다가 소금으로 결정했어. 그때는 소금이 무척 귀해서 소금이 많은 사람은 큰 부자였기 때문이야.

"맷돌아, 소금을 다오, 딴 것 다 필요 없고, 소금을 다오, 소금을!"

욕심쟁이 부자는 맷돌을 돌리고 돌리고 또 돌렸어. 그랬더니 소금이 배를 가득 채우고도, 끝없이 계속 나오는 거야. 소금이 배를 가득 채워서 배가 바닷속으로 들어가는데도 더 크게 소리를 지르며 맷돌을 돌렸어.

"소금아, 더 나와라! 더! 그래! 그래! 더 많이! 더 많이!"

욕심쟁이 부자는 어떻게 되었냐고? 결국 꼬로록! 바닷속으로 가라앉고 말았지. 그런데 맷돌은 지금도 돌아가면서 소금이 계속 쏟아져 나오고 있대. 바닷물이 짠 이유는 아직도 맷돌이 돌아가고 있기 때문이래. 정말이냐고?

1 〈소금을 내는 맷돌〉에서 농사꾼이 맷돌 앞에서 먹을 것을 생각하면서 한 말에 밑줄을 긋고 실감 나게 읽어 보세요.

2 〈소금을 내는 맷돌〉에서 가장 기억에 남는 1문장을 찾아 써 보세요.

3 〈소금을 내는 맷돌〉 이야기 속 인물 중 1명에게 꼭 해 주고 싶은 말을 써 보세요.

4 밑줄 친 "바닷물이 짠 이유는 아직도 맷돌이 돌아가고 있기 때문이래."의 문장을 생각해 보세요. 바닷가에서 그 맷돌을 딱 마주쳤다면 어떻게 할지 자신의 생각을 써 보세요.

5 〈소금을 내는 맷돌〉을 읽고 떠오르는 이야기가 있나요? 생각나는 이야기의 제목을 제목칸에 쓰고, 이야기를 지어서 5줄 글쓰기를 해 보세요.

제목

열한 번째 이야기

울산바위와 속초

옛날에 사람보다 신령들이 더 많이 살던 때가 있었어. 우리나라에도 여기저기 산신령, 물신령, 들신령이 많이 살았지. 그중에서 강원도 산신령은 아주 대단했어. 왜냐하면 강원도에는 높고 아름다운 산이 많이 있었거든.

어느 날 강원도 산신령은 금강산에 일만이천봉을 만들라고 전국 각지에 명령을 내렸어. 전국의 바위들은 금강산에 가서 맘껏 자기 모습을 뽐내고 싶었어. 그래서 울산에서도 아주 커다란 바위 하나가 강원도를 향해 달리기 시작했어. 그러다 지쳐서 설악산 근처에서 한숨 늘어지게 잤지. 어라? 그랬더니 그새 금강산에 일만이천봉우리가 다 찼다는 거야.

울산바위는 그만 울상이 돼서 거기 주저앉고 말았어. 강원도 산신령은 울고 있는 바위가 딱해 보였어.

그래서 울산바위한테 설악산이 금강산 같지는 않지만 그래도 멋진 산이니 그냥 거기 있으라고 허락을 해 줬어.

그런데 이상한 일이 생겼어. 설악산을 지키는 원님이 울산바위가 새로 생긴 것을 보고는 그 옆에 있는 신흥사라는 절의 스님을 만나러 왔지. 그러면서 이런 말을 하는 거야.

"여보시오. 스님! 저렇게 큰 바위가 내 고을에 왔으니, 세금을 내야 할 것 아니오! 1년에 1번씩 저 울산바위 세금을 걷겠으니, 그런 줄 아시오."

그래서 할 수 없이 스님은 몇 년째 많은 돈을 관가에 바쳤지. 그러다가 3년 동안 흉년이 들어서 세금은커녕 절에 있는 스님들조차 먹을 것이 없었지. 그렇게 스님들이 세금을 못 내서 걱정을 하고 있는데 동자승이 이렇게 말해.

"걱정 마세요. 세금을 낼 돈이 없으니, 저 울산바위를 대신 가져가라고 하세요."

동자승은 어린 스님을 말해. 그런 스님이 꾀를 낸 거지. 원님에게 그렇게 말했더니 원님은 괘씸하게 생각하고는 이렇게 대답했지.

"그래! 알았다. 가져가겠다! 허나 조건이 있어. 대신 저 울산바위를 지푸라기를 태운 까만 재로 꽁꽁 묶어 놓으면 가져가겠다!"

아니, 이게 무슨 말이야? 지푸라기를 태운 재는 바람에 훨훨 날아갈 만큼 힘이 없는데, 그걸로 묶어 놓으라니 말이야. 스님들이 또 걱정을 하니까, 동자승이 이번에도 걱정 말라는 거야.

"걱정 마세요. 스님들은 지푸라기나 꼬아 놓으세요."

그래서 몇 날 며칠 지푸라기를 길게 꼬아 놓으니, 동자승이 소금이랑 들기름을 가져오래. 그러고는 소금물을 만들어서 지푸라기에 천천히 바르는 거야. 그 위에 또 들기름을 발랐지. 그러고 나서 원님이 오는 날 아침에 울산바위를 다 감아 놓고는 불을 당겨 지푸라기를 태웠어.

아, 그랬더니, 지푸라기의 겉만 검게 타고 심지는 단단히 묶여져 있더란 말이지. 짠 소금물은 잘 마르지 않기 때문에 그렇대.

이것을 본 원님은 동자승이 기특해서 크게 칭찬을 해 주고는 그때부터 세금을 물지 않았대. 그리고 그때부터 그 마을 이름이 '묶을 속(束), 풀 초(草)'라는 한자를 써서 '속초'가 됐다고 하네. 와! <u>마을 이름에도 이런 이야기가 숨어 있다니 참 놀랍지 않아?</u>

1 〈울산바위와 속초〉에서 동자승이 한 말에 밑줄을 긋고 실감 나게 읽어 보세요.

2 〈울산바위와 속초〉에서 가장 기억에 남는 1문장을 찾아 써 보세요.

------

3 〈울산바위와 속초〉 이야기 속 인물 중 1명에게 꼭 해 주고 싶은 말을 써 보세요.

4 밑줄 친 "마을 이름에도 이런 이야기가 숨어 있다니 참 놀랍지 않아?"처럼 마을 이름의 유래를 찾아 써 보세요. 여러분이 살고 있는 마을 이야기면 더 좋아요.

------

5 〈울산바위와 속초〉를 읽고 떠오르는 이야기가 있나요? 생각나는 이야기의 제목을 제목칸에 쓰고, 이야기를 지어서 5줄 글쓰기를 해 보세요.

제목

열두 번째 이야기

게와 원숭이

읽고 쓴 날   월   일   요일

　옛날에 게랑 원숭이가 들로 산으로 함께 다니면서 먹을 것을 찾던 시절이 있었대. 어느 날 게와 원숭이는 누렇게 잘 익은 벼를 보았지. 그러자 그 둘은 벼를 베어다 껍질을 벗기고, 절구에 찧어서 쌀가루를 만들었어. 그 가루를 시루에다 넣어서 불을 때고, 쪄서 떡을 만들었지. 떡이 다 되니까 게는 '아! 이제 먹을 수 있겠구나.' 했는데 이게 웬걸?

　원숭이가 날쌔게 떡을 휙! 채 가더니 나무 위로 올라가 버리는 거야. 뒤뚱뒤뚱 옆으로 가는 게가 재빠른 원숭이를 쫓아갈 수가 없지. 그래서 게가 원숭이한테 말했지.

　"원숭아! 우리가 같이 떡을 만들었는데, 너 혼자 먹을 셈이니?"

　원숭이는 들은 체도 안 하고, 혼잣말만 하는 거야.

　"오호홍, 요놈 참 맛있다. 맛있어!"

게는 약이 바짝 올랐어. 원숭이 속을 잘 아는 게는 혼잣말로 딱 원숭이가 들릴 만큼만 소리 내어 말했어.

"원래 떡은 썩은 나뭇가지에 걸어 두고 먹으면 훨씬 더 맛있는데……."

그랬더니 귀가 얇은 원숭이가 얼른 가지고 있는 떡을 몽땅 썩은 나뭇가지에 걸어 두었지.

그런데 마침 센 바람이 '휘리릭' 하고 불어 오니까 썩은 나무가 '빠직!' 하고 부러지면서 떡이 바닥에 떨어졌지. 게는 얼른 떡을 집어 들고는 굴속으로 들어갔어. 이제 원숭이 마음이 급해졌어. 얼른 게가 들어간 굴 앞으로 달려와서는 게에게 말했지.

"게야! 우리가 같이 떡을 만들었는데, 너 혼자 먹을 셈이니?"

게는 들은 체도 안 하고는 혼잣말만 해 대는 거야.

"오호홍, 요놈 참 맛있다. 맛있어!"

원숭이는 약이 바짝바짝 올랐지만 게에게 사정하면서 말했지.

"게야, 아까는 내가 장난으로 그런 것뿐이야. 그러니까 나랑 같이 나눠 먹자 응?"

원숭이의 말을 믿어야 할까, 아니면 믿지 말아야 할까? 아무튼 게는 그 이야기를 듣고도 꼼짝 안 했어. 뭐, 그럴 만도 하지.

"그따위 거짓말은 하지도 마! 네가 먼저 떡을 가지고 도망쳤잖아. 그리고 내가 같이 먹자고 했는데 너는 들은 척도 안 했어!"

그랬더니 원숭이는 화가 머리끝까지 나서 게에게 소리치며 말했어.

"너 정말 이러기야? 그럼 내가 어떻게 하나 봐라!"

원숭이는 게가 있는 굴속에 그만 똥을 뿌루지직 뿌지직! 하고 싸대기 시작했어. 떡을 맛있게 먹던 게는 이게 무슨 날벼락! 아니 똥벼락이야! 하면서 코를 꽉 움켜쥐었지.

"네가 그렇게 나오면 나도 수가 있지!"

게는 큰 집게발로 원숭이 엉덩이를 꾸악! 하고 움켜쥐고, 이리 비틀! 저리 비틀! 하면서 놓아주지 않았어.

"아야야야야!"

원숭이는 겨우겨우 집게발에서 벗어났지. 하지만 원숭이 엉덩이의 가죽이 벗겨지고, 털이 뜯겨 나갔어. 그 엉덩이의 가죽과 털은 게의 앞발에 그대로 남아 있고 말이야. 그래서 지금도 원숭이 엉덩이는 털이 없으면서 빨갛고, 게의 집게발에는 원숭이 털이 남아 있는 거래.

1 〈게와 원숭이〉에서 게가 원숭이를 속이기 위해서 한 말에 밑줄을 긋고 실감 나게 읽어 보세요.

2 〈게와 원숭이〉에서 가장 기억에 남는 1문장을 찾아 써 보세요.

3 〈게와 원숭이〉 이야기 속 인물 중 1명에게 꼭 해 주고 싶은 말을 써 보세요.

4 밑줄 친 "귀가 얇은 원숭이"는 어떤 뜻일까요? 그 뜻을 짐작해 써 보세요.

5 〈게와 원숭이〉를 읽고 떠오르는 이야기가 있나요? 생각나는 이야기의 제목을 제목칸에 쓰고, 이야기를 지어서 5줄 글쓰기를 해 보세요.

제목

열세 번째 이야기

도깨비 도움으로 부자가 된 나무꾼

옛날 옛날에 한 가난한 나무꾼이 나무를 하고 집에 돌아오는데 키가 엄청 크고, 몸집도 아주 큰 도깨비가 앞을 딱 가로막고 서지 뭐야? 나무꾼은 깜짝 놀라 그만 얼음처럼 굳어 버릴 지경이었어. 그런데 그 덩치 큰 도깨비가 대뜸 꾸벅 절을 하면서 이렇게 말하는 거야.

"아이고! 영감님. 이제 오십니까?"

나무꾼은 아무렇지도 않은 척하면서 점잖게 물었어.

"그래, 너는 뭐냐?"

"저, 다름이 아니고, 돈이 있으면 석 냥만 빌려주십시오."

옛날에는 돈을 세는 방법이 지금이랑 달랐어. 한 냥, 두 냥, 석 냥 이렇게 셀 때였지. 나무꾼이 조금 망설이니까, 도깨비가 다시 이러는 거야.

"내일 저녁에 꼭 갖다 드릴 테니 좀 빌려주십시오."

나무꾼은 도깨비가 무섭기도 했지만, 공손한 모습을 보니 마음이 혼란스러웠어. 그러다가 '에라 모르겠다!' 하며 돈 석 냥을 빌려줬지. 그리고 다음 날 저녁이 되었어. 그랬더니 그 도깨비가 다시 나타났지 뭐야?

"아이고! 영감님, 돈 석 냥 잘 썼습니다!"

그러면서 어제 빌린 돈을 갚는 거야. 빌려준 돈을 그대로 못 받는다고 생각했는데……. 허허 다행이다 싶었지.

그런데 이상한 일은 다음 날부터였어. 다시 저녁이 되자, 또 그 도깨비가 나타나지 뭐야. 그러고는 대뜸 이렇게 말하는 거야.

"영감님! 돈 석 냥 갚으러 왔습니다."

분명히 어제 갚았는데 말이지. 그래서 나무꾼이 말했지.

"그 돈은 어제 다 갚지 않았느냐."

그런데 도깨비가 이렇게 말하면서 또 돈을 놓고 가네.

"아니, 제가 그 돈을 언제 갚았다고 그러십니까?"

그 다음 날에도, 또 그 다음 날에도 계속 그러는 거야. 나무꾼이 아무리 돈을 다 받았다고 해도 막무가내였어. 이렇게 돈을 받아 모아 놓으니, 나무꾼은 점점 부자가 되었지. 그렇게 부자로 살다가 어느 날 죽고 말았어.

그런데 나무꾼 영감이 세상을 떠난 뒤에도 도깨비가 돈을 갚으러 왔는데, 돈 받을 사람이 없어져 버렸거든. 그러니까 그때부터 심술을 부리기 시작하지 않겠어? 아니 돈을 못 갚는다고 심술을 부리다니 말이야. 참!

그때부터 영감님의 아들이 열심히 짓는 농사를 망쳐 놓기 시작했어. 도깨비가 아들의 밭에 자갈을 잔뜩 심어 놓은 거야. 그것도 매일매일 말이야. 그때 아들이 꾀를 냈어. 일부러 도깨비가 들을 수 있도록 큰소리로 혼잣말을 했지.

"와! 자갈이 많으니 올해 농사 참 잘 되겠다. 만약 도깨비가 개똥을 주워 놓았으면 농사를 영영 망칠 뻔했는데, 고맙게도 자갈을 가져다 놓아 농사가 잘도 되어 가는구나!"

이렇게 능청을 떨었거든. 그리고는 다음 날 밭에 가보니까, 아 글쎄 밭에 개똥이 잔뜩 쌓여 있는 거야. 도깨비는 자갈이 농사를 망치고, 개똥이 농사를 잘되게 해 준다는 걸 몰랐으니까. 그래서 아들은 농사를 잘 짓고, 부자가 되어서 잘 살았대.

1. 〈도깨비 도움으로 부자가 된 나무꾼〉에서 도깨비가 한 말만 찾아 밑줄을 긋고 실감 나게 읽어 보세요.

2. 〈도깨비 도움으로 부자가 된 나무꾼〉에서 가장 기억에 남는 1문장을 찾아 써 보세요.

----

3. 〈도깨비 도움으로 부자가 된 나무꾼〉 이야기 속 인물 중 1명에게 꼭 해 주고 싶은 말을 써 보세요.

4. 이미 갚은 돈을 계속 갚는 도깨비를 보고 나무꾼은 어떤 생각이 들었을까요?

----

5. 〈도깨비 도움으로 부자가 된 나무꾼〉을 읽고 떠오르는 이야기가 있나요? 생각나는 이야기의 제목을 제목칸에 쓰고, 이야기를 지어서 5줄 글쓰기를 해 보세요.

제목

열네 번째 이야기

녹두 영감

읽고 쓴 날   월   일   요일

　옛날 그리고 아주 아주 옛날에, 한 영감이 살았어. 이 영감님은 뒷동산에 녹두밭을 크게 가꾸어 놓았대. 영감님이 키운 그 녹두는 아주 잘 자라서 열매가 주렁주렁 열렸대. 녹두는 팥과 비슷한 곡물이라고 보면 돼. 그런데 영감님의 녹두를 호시탐탐 노리는 무리가 있었는데, 바로 토끼 녀석들이었어. 영감님은 그 토끼들만 보면 소리를 '꽥!' 하고 질렀어.

　하지만 별 소용이 없었어. 토끼들은 영감님이 없는 틈을 타서 야금야금 녹두를 따 먹을 수 있었으니까. 영감님은 자꾸만 쫓아내도 나타나는 토끼들을 잡아들일 궁리를 했어. 그러다 좋은 생각이 났지.

　눈에다 대추를 박고, 귀에다 밤을 박고, 코에다 곶감을 박고, 입에다 홍시를 박고, 목에다 사과를 박고, 손바닥에 배를 박고, 가슴에다 복숭아를 박고, 배꼽에다 호두를 박고, 다리에다 모과를 박고, 발가락에다 자두를 박고서는 녹두밭 한가운데 벌러덩 드러누워서 죽은 체를 했어.

　그렇게 조금 있으려니까, 토끼들이 녹두를 따 먹으려고 슬금슬금 눈치를 보면서 뛰어오거든. 그런데 영감님을 발견한 거야.

　"야아! 이것 봐라. 녹두 영감이 여기 죽어 있다!"

　"어? 정말이네! 와하하하! 이제 녹두는 다 우리 거야!"

　"우리 녹두 영감이 죽었으니 잘 갖다 묻어 주자!"

　토끼들은 영감님을 번쩍 들어서 산으로 올라갔어. 영감님을 위해 노래까지 불러줬지.

"녹두 영감 죽었네, 녹두 영감 죽었어."

"토끼 쫓던 영감님, 안타깝게 죽었네."

이렇게 토끼들이 노래를 부르며, 양지바른 곳에 영감님을 고이 묻어 주려고 하던 찰나!

"이놈의 토끼들!!"

녹두 영감은 눈을 번쩍 뜨면서, 토끼를 잡으려고 손을 내저었지. 그런데 재빠른 토끼들은 금세 달아났어. 겨우 토끼 한 마리의 뒷다리를 움켜 잡았지. 뒷다리를 잡힌 토끼는 금세 꾀를 냈어.

"영감님! 잡으려면 토끼 뒷다리를 잡을 일이지, 왜 울타리를 잡고 있어요?"

그 말에 영감이 놀라 토끼 다리를 놓고 울타리를 잡았대. 그때 토끼는 휙! 하고 신나게 달아나면서 놀렸지. 결국 녹두 영감은 토끼를 한 마리도 잡지 못하고 창피만 당했대.

1 〈녹두 영감〉에서 토끼들이 한 말만 찾아 밑줄을 긋고 실감 나게 읽어 보세요.

2 〈녹두 영감〉에서 가장 기억에 남는 1문장을 찾아 써 보세요.

3 〈녹두 영감〉 이야기 속 인물 중 1명에게 꼭 해 주고 싶은 말을 써 보세요.

4 여러분이 만약 영감님이라면 어떤 방법으로 토끼를 잡았을지 생각해 보고 써 보세요.

5 〈녹두 영감〉을 읽고 떠오르는 이야기가 있나요? 생각나는 이야기의 제목을 제목칸에 쓰고, 이야기를 지어서 5줄 글쓰기를 해 보세요.

제목

열다섯 번째 이야기

종이에 싼 당나귀

    옛날 어느 마을에 한 사내아이가 어머니를 모시고 살고 있었어. 그런데 이 아이는 어머니 말을 잘 듣기로 아주 유명했지. 그런데 아이의 집이 아주 가난해서 아이는 어릴 때부터 남의 집에 가서 일을 했어.

    하루는 아이가 이웃 마을에 일을 해 주고 돈을 좀 받아 왔어. 그 돈을 손아귀에 딱 쥐고 오는데, 목이 마르네? 그래서 우물 옆에 돈을 놓고 물을 맛있게 먹었지. 그러고는 집에 돌아와 보니, 돈이 없는 거야. 에이그! 우물 옆에 두고 왔잖아. 이 사실을 어머니한테 말씀드렸지. 그랬더니 어머니는 이렇게 말씀하시는 거야.

    "다음부터는 손에 쥐지 말고, 호주머니에 넣어 가지고 오너라."

    말 잘 듣는 아이는 그 말을 잘 담아 두고, 다음 일터에 갔어.

또 일을 열심히 하고는 품삯을 받았는데, 그게 돈이 아니라 강아지 한 마리였어. 아이는 강아지를 받자마자 어머니 말씀이 떠올랐어.

'맞아, 어머니가 손에 쥐지 말고, 호주머니에 넣어 오라고 하셨지?' 하면서 억지로 호주머니에 쑤셔 넣었어. 강아지를 호주머니에 넣고 오는데, 강아지가 얼마나 답답하겠어? 그래서 아등바등하다가 호주머니를 찢고 뛰쳐 나와 버렸지. 그래서 또 아이는 빈손으로 집에 돌아오게 되었어. 이 사실을 어머니한테 말씀드렸더니, 어머니는 이렇게 말씀하시는 거야.

"다음에는 호주머니에 넣지 말고, 끈으로 모가지를 묶어서 끌고 오너라."

말 잘 듣는 아이는 그 말을 잘 담아 두고, 다음 일터에 갔어. 또 일을 열심히 하고 품삯을 받았는데, 이번에는 생선을 받았어. 아이는 생선을 받자마자 어머니 말씀이 떠올랐어.

'맞아, 어머니가 호주머니에 넣지 말고, 끈으로 모가지를 묶어서 끌고 오라 하셨지?' 하면서 생선을 끈으로 묶어서 질질 끌고 갔어. 아니, 생선을 끈으로 묶고, 땅바닥에 질질 끌고 가니까 어떻게 되었겠어?

이번에는 집으로 가지고 가긴 했는데……. 생선 몸뚱이는 다 닳아서 뼈만 앙상하게 남아버렸지! 허허! 이 모습을 본 어머니는 이렇게 말했어.

"다음에는 끈으로 묶어 오지 말고, 종이에 잘 싼 뒤 짚으로 몸통을 묶어서 어깨에 걸머지고 오너라."

말 잘 듣는 아이는 그 말을 잘 담아 두고, 다음 일터에 갔어. 또 일을 열심히 하고 품삯을 받았는데, 이번에는 당나귀 한 마리를 주잖아? 아이는 당나귀를 받자마자 어머니 말씀이 떠올랐어. 어휴! 어떡해! 힘들지만 어머니 말씀대로 당나귀를 종이로 잘 싼 뒤 짚으로 몸통을 묶어서 어깨에 걸머졌어.

그렇게 강을 건너는데, 마침 원님이 딸과 함께 가마를 타고 지나가고 있었어. 원님의 딸이 아파서 용하다는 의원을 찾아가는 길이래. 그런데 그 딸이 당나귀를 종이에 싸고, 짚으로 묶어 어깨에 걸머지고 가는 사람을 보고 "하하하하!" 하고 웃음을 터뜨렸어. 그때 딸의 목에 걸린 가시가 튀어나오면서 병이 다 나았대.

원님은 딸의 병을 고쳐 준 아이에게 큰 상을 줬어. 그래서 아이는 어머니랑 오래오래 행복하게 잘 살았대.

1. 〈종이에 싼 당나귀〉에서 어머니가 한 말만 찾아 밑줄을 긋고 실감 나게 읽어 보세요.

2. 〈종이에 싼 당나귀〉에서 가장 기억에 남는 1문장을 찾아 써 보세요.

3. 〈종이에 싼 당나귀〉 이야기 속 인물 중 1명에게 꼭 해 주고 싶은 말을 써 보세요.

4. 어리석은 아들을 끝까지 기다려 준 어머니의 마음을 떠올려 보고 써 보세요.

5. 〈종이에 싼 당나귀〉를 읽고 떠오르는 이야기가 있나요? 생각나는 이야기의 제목을 제목칸에 쓰고, 이야기를 지어서 5줄 글쓰기를 해 보세요.

제목

하	루		1	장
5	줄			
글	쓰	기		

그냥 따라 쓰기

안녕, 친구들!

여러분 중에 연필을 잡고,

종이에 쓱쓱 글을 써 보지 않은 친구들은 없겠지?

그때 기분이 어땠어? 재밌었다고? 아하! 힘들기만 했다고?

후후, 그래! 여기에는 생각보다 편하게 글을 쓸 수 있도록 만들어 놨으니 안심해.

주어진 문장을 그대로 따라 써 보는 거야.

왜 따라 쓰냐고? 따라 쓰다 보면,

"문장은 이렇게 되어 있구나,

글은 이렇게 쓰면 되겠군." 하는 생각이 절로 들거든.

문장 쓰기에 자신감이 생기기도 하고 말이야.

아주 쉽다고? 그래, 글을 쓰는 일은 생각보다 쉬운 일이기도 해.

자, 그럼 시작해 볼까?

내가 누구냐고?

🐻 다음 문장을 소리 내어 크게 3번 읽어 보세요. 떠오르는 장면을 그림으로 그려 보세요.

내가 누구인지 알고 싶다고?
나는 네가 누구인지 모르는데?
하지만 그렇게 알고 싶다면야!
가르쳐 줄 수 있지.
그 대신 천천히 하나씩 말해 줄게.

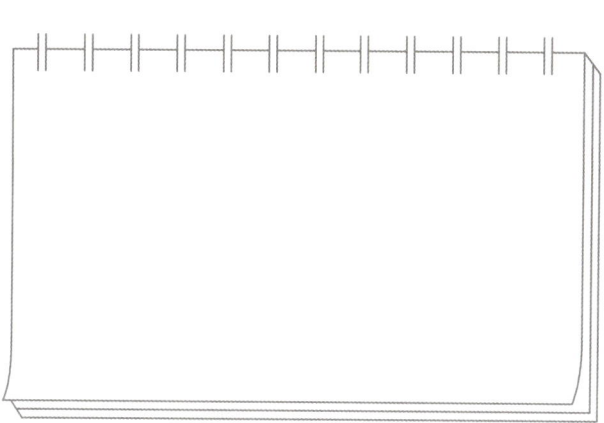

🐵 문장을 소리 내어 읽으며 따라 써 보세요.

내가 누구인지 알고싶다고?

나는 네가 누구인지 모르는데?

하지만 그렇게 알고 싶다면야!

가르쳐 줄 수 있지!

그 대신 천천히 하나씩 말해 줄게.

글쓴날   월   일   요일

나는 숫자야

🐻 다음 문장을 소리 내어 크게 3번 읽어 보세요. 떠오르는 장면을 그림으로 그려 보세요.

나는 숫자야! 맞아 숫자!
나는 아홉 살이거든.
눈이랑 귀, 팔, 다리는 2개
코랑 입, 머리는 하나
나한테는 얼마나 숫자가 많은데!

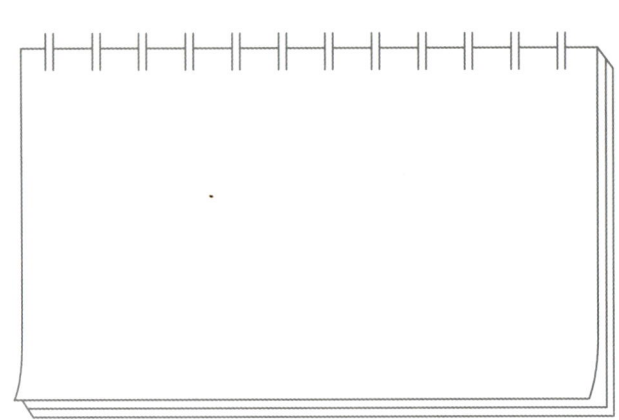

🐵 문장을 소리 내어 읽으며 따라 써 보세요.

나는 숫자야! 맞아 숫자!

나는 아홉 살이거든.

눈이랑 귀, 팔, 다리는 2개

코랑 입, 머리는 하나

나한테는 얼마나 숫자가 많은데!

그냥 따라 쓰기 3

글쓴날   월   일   요일

나는 색깔

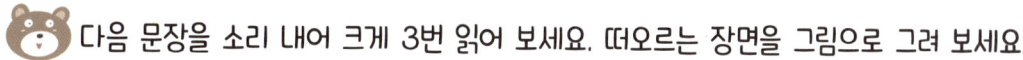 다음 문장을 소리 내어 크게 3번 읽어 보세요. 떠오르는 장면을 그림으로 그려 보세요.

너는 변신할 수 있니?
나는 여러 가지 색으로 변신해!
기분이 좋으면 밝은 색
화가 나면 어두운 색
나는 색깔이 아주아주 많아.

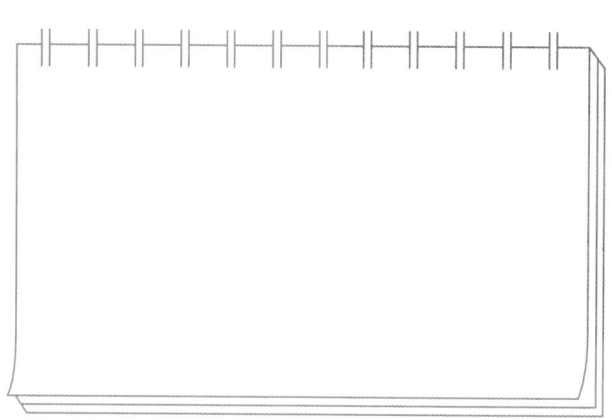

문장을 소리 내어 읽으며 따라 써 보세요.

너는 변신할 수 있니?

나는 여러 가지 색으로 변신해!

기분이 좋으면 밝은 색

화가 나면 어두운 색

나는 색깔이 아주아주 많아.

글쓴날   월   일   요일

내 나이

 다음 문장을 소리 내어 크게 3번 읽어 보세요. 떠오르는 장면을 그림으로 그려 보세요.

나는 벌써 아홉 살이거든!
엄마 뱃속에서 나와
9년이나 살았어.
밥도 엄청 많이 먹었지.
그러니까 나한테 까불지 마!

문장을 소리 내어 읽으며 따라 써 보세요.

나는 벌써 아홉 살이거든!

엄마 뱃속에서 나와

9년이나 살았어.

밥도 엄청 많이 먹었지.

그러니까 나한테 까불지 마!

그냥 따라 쓰기 5

내 몸

🐻 다음 문장을 소리 내어 크게 3번 읽어 보세요. 떠오르는 장면을 그림으로 그려 보세요.

큰 동그라미 하나에
얇은 막대기가 옆으로
통나무같이 큰 네모가 하나
두꺼운 막대기가 둘
봐! 이게 나야, 내 몸이야!

🐵 문장을 소리 내어 읽으며 따라 써 보세요.

큰 동그라미 하나에

얇은 막대기가 옆으로

통나무같이 큰 네모가 하나

두꺼운 막대기가 둘

봐! 이게 나야, 내 몸이야!

1줄 지어 쓰기

얘들아, 안녕?

이번에는 5문장 중에서 마지막 문장이 비어 있어.

벌써 뭘 해야 하는지 눈치챘구나!

그래, 맞아! 빈 곳에 너희가 문장을 만들어 써 보는 거야.

짧은 문장도 좋고, 긴 문장도 좋아.

줄을 좀 벗어나도, 글자를 좀 틀려도 정말 괜찮아!

하지만 앞의 4문장을 잘 읽어 보고 써야 해.

그래서 앞 이야기와 이어질 수 있는 문장을 써 보는 거야.

할 수 있겠지? 그럼, 시작해 봐!

손 / 어린이

 다음 문장을 4줄까지는 따라 쓰고, 마지막 1줄을 지어 써 보세요.

손

손은 참 신기해. ------

손바닥은 말랑말랑한데 ------

손등은 딱딱해. ------

손으로 할 수 있는 것도 많지. ------

그중에서도 나는 손으로 ------ 하는 걸 참 좋아해.

어린이

학교에 가니까 ------

나보고 '어린이'라고 하더라. ------

아직도 그 뜻은 잘 모르지만 ------

왠지 기분이 좋아. ------

'어린이'라고 하니까 나도 ------ 된 것 같아서 ------

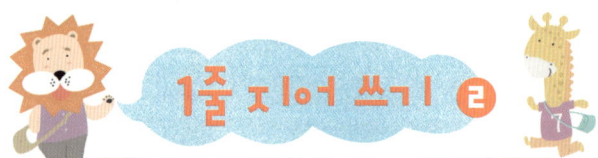

가족 / 태권도

 다음 문장을 4줄까지는 따라 쓰고, 마지막 1줄을 지어 써 보세요.

가족

우리 가족을 소개할게.

나는 아빠, 나, 동생이랑 살아.

엄마는? 엄마는 없어.

내 동생을 낳고 돌아가셨거든.

태권도

축하받고 싶어.

엊그제 내가 빨간 띠를 땄거든!

발차기도 끝내준다고!

한 줄로 축하 편지를 써 줘!

발 / 공룡

 다음 문장을 4줄까지는 따라 쓰고, 마지막 1줄을 지어 써 보세요.

발

발도 하늘을 보고 싶을 것 같아.

손바닥은 쉽게 뒤집을 수 있는데

발바닥은 휙! 뒤집을 수가 없어.

발에게 위로의 말을 해 줘야겠어.

발아,

공룡

오빠랑 내가 내기를 했어.

공룡 이름 대기 놀이

누가 이겼는 줄 알아?

하하하, 당연히 내가 이겼지!

마지막 내가 말한 공룡은 _____ 였어.

글쓴날   월   일   요일

손과 발 / 마음

 다음 문장을 4줄까지는 따라 쓰고, 마지막 1줄을 지어 써 보세요.

손과 발

손이 발에게 이렇게 말했어.

"넌 너무 더러워!"

발은 너무 어처구니없었어.

 손에게 이렇게 말했지!

마음

나는 어제 내 마음을 봤어.

두 눈으로 똑똑히 봤단 말이야.

내가 화가 나니까 마음이

빨갛게 변하면서 이렇게 말했어.

깜장이 / 나팔꽃

 다음 문장을 4줄까지는 따라 쓰고, 마지막 1줄을 지어 써 보세요.

깜장이

나한테 강아지가 생겼지 뭐야?

이름이 '깜장'이야.

귀여워서 맨날 안아 주고 싶어.

그런데 우리 아빠는 싫대.

나팔꽃

베란다에 나가 보니까

보라색 나팔꽃이 피었지 뭐야?

그 앞에 쪼그리고 앉아서

물을 주며 속으로 말했어.

2줄 지어 쓰기

이번에는 2문장 쓰기 도전이야! 벌써 어려울 것 같다고?

그 말은 맞기도 하고, 틀리기도 해.

왜냐고?

1문장을 더 써야 하니까 어려울 수 있거든.

하지만 2문장이나 너희 문장으로 쓸 수 있으니까 쉬울 수도 있어.

한 번 도전해 봐! 이것도 역시 앞 3문장을 잘 읽고 쓰면 돼.

4번째와 5번째 문장도 서로 이어질 수 있도록 써야겠지?

그래, 맞아! 4번째 문장에서 멈추면 안 돼.

약속 지킬 수 있겠지? 그래, 파이팅!

내 얼굴 / 몸을 봤다

 다음 문장을 3줄까지는 따라 쓰고, 나머지 2줄을 지어 써 보세요.

내 얼굴

나는 누굴 닮았을까?

엄마도 안 닮은 것 같고,

아빠도 안 닮은 것 같다.

몸을 봤다

얼굴이랑 눈은 동그랗다.

몸이랑 발은 네모 같다.

손가락이랑 팔은 막대기 같다.

가고 싶은 학교 / 문을 열었더니

 다음 문장을 3줄까지는 따라 쓰고, 나머지 2줄을 지어 써보세요.

가고 싶은 학교

얄미운 코로나 때문에

학교를 하루밖에 못 갔다.

어떻게 하면 더 학교에 갈 수 있지?

문을 열었더니

밖에 나갔다가 집에 돌아와서

내 방문을 열었더니

아니! 이게 뭐야?

꿈 / 나는 아홉 살

 다음 문장을 3줄까지는 따라 쓰고, 나머지 2줄을 지어 써 보세요.

꿈

어젯밤 꿈을 꿨다.

정말 무시무시한 꿈이었다.

꿈은 말해야 안 무서워진대!

나는 아홉 살

옆집 아이는 다섯 살이다.

그런데 자꾸 나한테 덤빈다.

나는 아홉 살인데 말이다.

글쓴날   월   일   요일

내가 먹고 싶은 것 / 째려보지 마

 다음 문장을 3줄까지는 따라 쓰고, 나머지 2줄을 지어 써보세요.

내가 먹고 싶은 것

엄마가 집에 오시면서 말씀하셨다.

"뭐, 먹고 싶은 거 없냐?"

나는 그 말을 들을 때 참 좋다.

째려보지 마

지나가는 강아지가 나를 째려보네.

그래서 나도 째려봤지.

그랬더니 나를 보고 컹컹 짖네.

웃겨서 넘어 간 날 / 오늘은 우울해요

 다음 문장을 3줄까지는 따라 쓰고, 나머지 2줄을 지어 써 보세요.

웃겨서 넘어 간 날

친구가 나한테 이렇게 속삭였어.

나는 속으로 '진짜? 정말?'

2번이나 놀라고, 막 웃었어.

오늘은 우울해요

오늘은 되는 일이 없어요.

게임도 못 하고, 학원만 가요.

숙제도 너무 많아요.

3줄 지어 쓰기

엇! 이제 내가 말하지 않아도 알겠다고?

그래! 이번에는 3줄을 지어 쓰는 거야.

1줄 2줄 쓰다 보니, 점점 더 쓰고 싶은 생각이 들지 않니?

알아, 알아.

쓰고 싶어지는 그 마음 말이야.

하지만 꼭 생각할 점이 있어.

연필을 잡고 몇 줄만 쓰면 되지만,

꼭 제목과 앞의 2줄을 잘 읽고 써야 해!

그럼, 도전해 봐! 아자아자!

여름 방학 / 뭘 해야 하나?

다음 문장을 2줄까지는 따라 쓰고, 나머지 3줄을 지어 써 보세요.

여름 방학

여름 방학이 벌써 끝났다.

내가 뭘 했는지 생각해 보니,

뭘 해야 하나?

수학 문제를 잘 풀고 있는데,

동생이 게임을 하자고 했다.

우리 집 고양이 / 편의점 여행

 다음 문장을 2줄까지는 따라 쓰고, 나머지 3줄을 지어 써 보세요.

우리 집 고양이

우리 집에는 고양이가 있다.

고양이 이름은 '메롱'이다.

편의점 여행

어떤 여행보다 이곳 여행이 좋아.

거기에는 말이야.

빵집에 갔다 / 괜찮다

다음 문장을 2줄까지는 따라 쓰고, 나머지 3줄을 지어 써 보세요.

빵집에 갔다

밥보다 빵이 좋다.

그래서 동네 빵집에 자주 간다.

괜찮다

마음껏 뛰어놀고 싶다.

내가 가고 싶은 곳은 이런 곳이다.

글쓴 날   월   일   요일

산책 나가는 날 / 가을이 와도 운동장

다음 문장을 2줄까지는 따라 쓰고, 나머지 3줄을 지어 써 보세요.

산책 나가는 날

우리 : 오늘은 산책 안 나가요?

선생님 : 말을 잘 들어야 나가지.

가을이 와도 운동장

가을에는 산이 좋다고 하지만

나는 운동장이 더 좋아!

우리 반 이야기 / 색깔 방귀

다음 문장을 2줄까지는 따라 쓰고, 나머지 3줄을 지어 써 보세요.

우리 반 이야기

우리 : 놀이터에서 놀아요!

선생님 : 또 놀자고?

색깔 방귀

누가 뀌었는지 말이 없다.

이럴 때 방귀에 색깔이 있다면?

4줄 지어 쓰기

너희가 벌써 4줄 쓰기에 도전한다고?

우아! 정말 너무 대단해!

내 생각을 4줄이나 이어 쓸 수 있다는 것은 정말 멋진 일이야.

그런데 이번에는 조금 어려울 수도 있어.

처음에는 1줄이 비어 있었지만,

이번에는 반대로 제목이랑 달랑 1줄만 주어져 있거든.

그래도 해 보겠다고? 할 수 있다고?

그래, 조금 틀려도 괜찮아, 줄을 조금 벗어나도 돼!

그럼, 시작해 봐!

전학 / 선생님

다음 문장을 1줄까지는 따라 쓰고, 나머지 4줄을 지어 써 보세요.

전학

내가 만약 전학을 간다면

선생님

우리반 선생님을 소개합니다.

나도 아는 사춘기 / 내 친구를 소개합니다

다음 문장을 1줄까지는 따라 쓰고, 나머지 4줄을 지어 써 보세요.

나도 아는 사춘기

나도 사춘기를 알고 있다.

내 친구를 소개합니다

내 친구를 소개해 볼게요.

숙제 / 우리 가족을 소개합니다

다음 문장을 1줄까지는 따라 쓰고, 나머지 4줄을 지어 써 보세요.

숙제

숙제는 싫지만 해야 한다.

우리 가족을 소개합니다

우리 가족을 소개해 볼까요?

내가 좋아하는 음식 / 아빠랑 나랑

 다음 문장을 1줄까지는 따라 쓰고, 나머지 4줄을 지어 써 보세요.

내가 좋아하는 음식

내가 좋아하는 음식을 말하자면 ------

그 이유는 ------ 때문이다.

그 이유는 ------ 때문이다.

그 이유는 ------ 때문이다.

그 이유는 ------ 때문이다.

아빠랑 나랑

나는 아빠랑 이런 놀이를 하고 싶어. ------

글쓴날   월   일   요일

우리 집이 좋은 이유 / 잔소리

다음 문장을 1줄까지는 따라 쓰고, 나머지 4줄을 지어 써 보세요.

우리 집이 좋은 이유

우리 집은 이래서 좋아!

잔소리

잔소리가 싫은 4가지 이유가 있다.

5줄 지어 쓰기

잠깐만, 잠깐만!

처음에 그냥 따라쓰기도 힘들어했던 친구들 맞니?

너희가 벌써 5줄 지어 쓰기 앞에 왔단 말이야?

오! 이런! 아니야, 믿을 수 없어!

아니라고? 정말 맞다고? 이럴 수가…….

그런데 이번에는 지금까지와는 좀 달라.

이번에는 정말 제목만 있거든.

5줄 전체를 너희가 채워 가야 해.

어때? 할 수 있겠어? 용기를 달라고?

잠깐만 내 호주머니에 뭐가 들었든 다 너희에게 줄 거야.

이거야! 손가락 하트! 하하하!

친구 / 거짓말

다음 제시된 제목으로 5줄 지어 쓰기를 해 보세요.

친구

거짓말

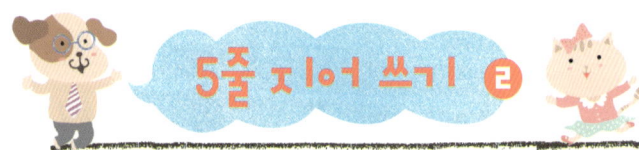

여기에 꼭 가고 싶어 / 나는 이럴 때 자랑스러워

다음 제시된 제목으로 5줄 지어 쓰기를 해 보세요.

여기에 꼭 가고 싶어

나는 이럴 때 자랑스러워

나는 이럴 때 행복해 / 나는 이럴 때 슬퍼

다음 제시된 제목으로 5줄 지어 쓰기를 해 보세요.

나는 이럴 때 행복해

나는 이럴 때 슬퍼

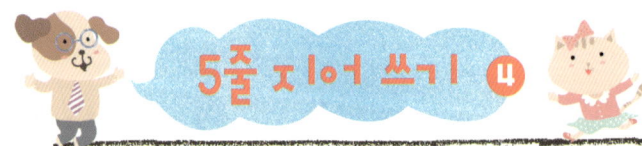

내가 엄마라면 / 내가 아빠라면

다음 제시된 제목으로 5줄 지어 쓰기를 해 보세요.

내가 엄마라면

- - -

- - -

- - -

- - -

- - -

내가 아빠라면

- - -

- - -

- - -

- - -

- - -

내가 경찰관이 된다면 / 내가 대통령이 된다면

다음 제시된 제목으로 5줄 지어 쓰기를 해 보세요.

내가 경찰관이 된다면

내가 대통령이 된다면

12쪽

1

　옛날에 시골 사는 박 서방이 서울 구경을 갔어. 그런데 거기서 난생처음 양초를 봤지 뭐야? 장사꾼에게 그게 뭔지 물었지.
　"아! 이건 불만 붙이면 방을 훤히 밝혀 주는 양초요, 양초!"
　박 서방은 깜짝 놀랐어. '아니, 저기서 불이 나온다고?' 하면서 가진 돈을 몽땅 털어 양초를 샀지. 그리고 마을로 돌아와 사람들에게 하나씩 나눠 주었어. 그런데 마을 사람들은 그것이 도대체 무엇에 쓰는 물건인지 알 수가 없었어. 그래서 마을에서 똑똑하기로 소문난 훈장 어른에게 달려가 물었지.
　"어허! 답답한 사람들 같으니라고! 그건 생선을 말린 것이여. 그것도 아주 귀한 생선!"
　마을 사람들은 깜짝 놀랐어. 그것이 생선이라는 걸 믿을 수 없었거든. 훈장 어른은 마을 사람들에게 이렇게 말했지.
　"이보게, 저 흰 것이 생선 몸뚱이, 삐쭉 나온 검은 것은 생선 주둥이가 아닌가!"
　자세히 보니 정말 그런 것 같았어. 훈장 어른이 다시 말했지.
　"서울 사람들은 귀한 손님이 오면 꼭 이 국을 끓여다 바친다니까!"
　그러면서 부인을 시켜 양초를 몽땅 솥에 넣고, 맛있는 국을 끓여 오라고 했지. 한참 후에 부인이 국을 가져왔어. 국에는 하얀 기름띠가 둘러져 있고, 맛은 이상했지. 하지만 그걸 본 훈장 어른은 또 이렇게 말했어.
　"이런 촌사람들하고는! 귀한 생선 맛도 못 알아보고! 국물 한 방울 남기지 말고 쭉 들이켜!"
　결국 마을 사람들은 그릇을 싹 비웠어. 그런데 조금 있으려니 목구멍이 칼칼하고 배가 꾸룩꾸룩 아파오지 않겠어? '아니 몸에 좋다는 눈깔 없는 생선국을 한 사발이나 먹었는데 이게 웬일이지?' 그러면서 사람들은 배를 움켜쥐고, 서로 엉켜 이리 뒹굴 저리 뒹굴거렸어. 마침 그때 양초를 선물해 준 박 서방이 훈장님 댁을 방문했어. 박 서방을 본 사람이 얼른 물어봤지.
　"자…… 자네가 준 귀한 생선으로 구…… 구…… 국을 끓여 먹었는데, 왜 이렇게 배가 아픈 건가?"
　그 말을 들은 박 서방은 수염이 떨어져 나갈 만큼 깜짝 놀랐어.
　"뭐? 그건 불을 켜는 양초라는 것이네. 사람 뱃속에 들어갈 생선이 아니란 말이야! 누가 그런 무식한 소리를 했단 말인가?"
　사람들은 불이 켜진다는 말에 정신이 번쩍 났어. 그리고 '걸음아 날 살려라.' 하며 배를 움켜쥐고, 냇가로 달려가 '풍덩!' 몸을 던졌지. 혹시 몸속에서 불이 활활 타오를까 봐 말이야. 훈장 어른은 어떻게 됐냐고? 훈장 어른이 가장 먼저 냇가로 달려갔다나 뭐래나? 하하하…….

2 예) 혹시 몸속에서 불이 활활 타오를까 봐 말이야.
4 있을 수 없는 일이 생길 정도로 크게 놀랐다는 뜻.

15쪽

1

　옛날 옛날 바다 밑에 가자미와 망둥이와 낙지가 살고 있었대. 셋은 가끔 만나서 바닷속 이야기를 나누는 친구였지. 그런데 어느 날 망둥이가 꿈을 꾸었는데, 꿈속에서 흰 줄을 타고 높이 높이 올라가더니, 좋은 자리에서 아래를 내려다보며 큰소리를 쳤대.
　꿈에서 깬 망둥이는 그 꿈이 계속 생각났어. 그래서 가자미 친구에게 꿈 이야기를 해 줬지.
　"아, 글쎄 꿈속에서 말이야, 내가 흰 줄을 타고 저 높이 올라가서, 아래쪽을 내려다보며 큰소리로 떵떵거리지 뭐야? 이 꿈은 분명 내가 용왕님을 모시는 큰 벼슬을 할 거라고 알려 주는 것 같지 않은가?"
　그 말을 잠자코 듣던 가자미는 이렇게 말했어.
　"음…… 내가 생각할 때는 말일세, 흰 줄을 타고 높이 올라간 것은 아마 낚싯줄에 걸려서 올라간 것 같고, 자네가 말한 좋은 자리는 도마 위를 말하는 것 같군. 그리고 큰소리를 쳤다는 것은 칼을 보고 무서워서 '꽥!' 하고 내는 소리가 딱 맞을 걸세."
　이 말을 들은 망둥이는 기분이 어땠을까? 맞아. 그 말을 듣자마자 머리 끝까지 화가 났어. 그리고 바로 가자미의 눈 등을 '꽉!' 하고 쥐어박았지. 허허. 화가 난다고 친구를 때렸군. 그 바람에 가자미 두 눈이 한군데로 모여 버렸다는 거야.
　가자미도 화가 났어. 그래서 낙지한테 찾아가 말했어.
　"아이고! 열 받아! 이보게 낙지 양반! 내가 망둥이한테 꿈풀이를 해 줬더니 내 눈을 이렇게 만들어 놓지 않았겠나? 이 일을 어쩌면 좋겠나?"
　"걱정하지 마시게. 내가 가서 망둥이를 혼내 주겠네!"
　낙지는 이렇게 말하면서도 자기도 망둥이한테 맞아서 한쪽으로 눈이 모일까 봐 걱정이 되었어. 그래서 어떻게 했는 줄 알아? 겁이 난 낙지는 미리 자기 두 눈을 빼서 꽁무니에 달고 망둥이를 찾아갔지.
　그때부터 가자미는 두 눈이 한군데로 모이게 되고, 낙지는 두 눈이 꽁무니에 매달리게 되었대.

2 예) 겁이 난 낙지는 미리 자기 두 눈을 빼서 꽁무니에 달고 망둥이를 찾아갔지.
4 매우 심하게 화가 났다는 뜻.

18쪽

1

　옛날에 한 농사꾼이 밭에서 열심히 괭이질을 하고 있는데, 괭이 끝에 '땡그랑' 하고 부딪치는 소리가 나지 뭐야?
　'도대체 이 흙밭에 뭐가 있나.' 하고 살펴보니 커다란 독이 하나 나오잖아? 가난한 농사꾼은 그게 무슨 쓰임새라도 될까 싶어 집으로 가져왔지. 그러고는 빈 독에 밭에서 쓰던 괭이 하나를 던져 넣어 뒀어.
　다음 날 농사꾼이 다시 밭에 가려고 괭이를 찾았어. 아니 그랬더니 독 안에 괭이가 2자루나 있지 뭐야. '이게 웬일이래?' 하고 곰곰이 생각하다가 문득 동전 1개를 독 안에 넣어 봤지. 어랏! 이게 무슨 일이야? 동전이 2개가 돼서 나오는 거야!
　농사꾼은 아내를 불러 신기한 독을 보여 주고, 이 독을 잘 간수하라고 일러두었지. 그런데 어느새 이 독에 대한 소문이 멀리 퍼져 나갔어. 얼마 뒤 이 마을에 사는 욕심 많은 영감이 신기한 독을 보러 찾아왔지.
　"그 독은 내 것이야! 어서 내놓게!"
　농사꾼은 황당해서 펄쩍 뛰었지. 하지만 영감은 이렇게 말했어.
　"자네가 독을 캐 낸 밭은 대대로 우리 조상님 밭이야. 우리는 자네한테 밭을 팔았지 그 독을 판 적은 없네. 원래부터 그 독은 우리 밭에 있었으니, 내 것이지, 암!"
　농사꾼이 가만히 듣고 보니 하나도 틀린 말이 없어. 그래서 순순히 독을 내주려고 했지. 하지만 동네 사람들은 욕심 많은 영감이 억지소리를 한다면서 돌려줄 필요가 없다고 했어. 그러고는 원님한테 가서 공평한 재판을 받아 보라고 했지. 결국 두 사람은 관아로 달려갔고, 둘의 말을 들은 원님은 올바른 판단을 내릴 생각은 하지 않고, 슬슬 독에 욕심이 생겼어.

"과연 그것은 참 신기한 독이로구나! 너희가 그 독으로 싸우게 되었으니, 누구 한 사람이 그 독을 갖게 되면 싸움이 계속 벌어지겠구나. 그렇다면 그 독을 관가에 바치거라!"
두 사람은 원님의 말에 불만이 있었지만 아무 말도 하지 못했어. 그렇게 두 사람이 독을 두고 가자 원님은 금세 독을 자기 집으로 옮겨 놨어. 자기 집 재산이 늘어날 생각을 하니 너무 기분이 좋았지.
그런데 큰 일이 났지 뭐야? 아, 글쎄 원님이 모시고 있는 여든이 넘은 늙은 아버지가 '큰 독 안에 무엇이 들어 있나?' 하고 굽어보다가 '홀렁!' 독 안으로 빨려 들어간 거야. 사람들이 이걸 보고 얼른 원님의 아버지를 꺼냈지. 아! 그런데 꺼낸 아버지 뒤로 다시 아버지가 나오지 뭐야. 그래서 그 아버지도 꺼냈지. 그런데 그 뒤로 또 아버지가 있고, 또 아버지가 있고, 아버지가 있고……. 그래서 어떻게 됐냐고? 너희가 한 번 상상을 해 봐!

2 예) 그런데 그 뒤로 또 아버지가 있고, 또 아버지가 있고, 아버지가 있고…….

4 예) '내가 너무 욕심을 부려서 결국 벌을 받게 되었구나.' 하며 후회하는 마음이 생겼을 것이다.

21쪽

1

옛날 어느 마을에 시집을 온 며느리가 있었어. 며느리는 남편은 물론 시아버지, 시어머니와 함께 살았지. 그런데 시아버지가 며느리 얼굴을 가만 보니까 얼굴이 날마다 노랗게 변하는 거야. 시아버지는 며느리에게 무슨 걱정이 있냐고 물었지. 그랬더니 며느리가 수줍게 말했어.
"제가…… 방귀를 못 뀌어서 그래요."
"허허허, 그런 거라면 괜찮다. 네 마음대로 방귀를 뀌어라."
"그럼, 아버님은 저 기둥을 잡으시고, 어머님은 솥뚜껑을 잡으세요. 서방님은 문고리를 꽉 잡으셔야 해요. 안 그러면 큰일 납니다."
그러고는 며느리가 방귀를 '뿡!' 하고 뀌었는데, 시아버지는 기둥을 붙잡고도 다리가 들썩들썩, 시어머니가 잡은 솥뚜껑이 스르륵스르륵, 남편이 잡은 문고리가 철커덕철커덕 흔들거리더래. 결국 참다 못한 시아버지가 말했어.
"이제 그만! 그만! 뀌어라!"
그런 일을 한바탕 겪고 나니까 시아버지의 생각이 달라졌어. 그래서 며느리한테 말했지.
"얘야, 미안하지만 너랑은 도저히 같이 못 살겠다. 같이 살다가는 우리 집이 다 날아가겠어."
그래서 결국 시댁에서 쫓겨난 며느리는 짐을 싸서 친정집으로 가야 했어. 한 고개, 두 고개를 넘어 걸어가는데, 큰 배나무 아래 두 사람이 앉아 이야기를 나누고 있었어.
"아, 저 배를 잔뜩 따 주는 사람이 있으면, 내가 가진 비단을 나눠 줄 텐데."
그랬더니 옆 사람도 맞장구치며 말했어.
"맞아, 이럴 때 저 배를 먹을 수 있게만 해 주면, 내가 가진 소금도 줄 수 있는데."
이 말을 들은 며느리는 자기가 배를 따 줄 수 있다고 말했지. 그랬더니 두 사람이 저 배를 따 주면 비단과 소금을 주겠다고 했어.
잠시 후 며느리는 방귀를 '뿡' 하고 뀌었지. 그랬더니 저 높이 매달린 탐스러운 배들이 후드득후드득 떨어져 내리지 뭐야? 그래서 비단 장수와 소금 장수는 약속대로 물건을 나눠 주었어. 그때 아내를 뒤따라오던 남편을 만나 다시 집으로 돌아갔지. 비단과 소금을 잔뜩 가져온 며느리를 본 시

아버지와 시어머니는 반갑게 며느리를 맞아 주었대. 미안해하기도 하면서 말이야.

2 예) 네 마음대로 방귀를 뀌어라.

4 예) 얘야, 냄새는 참아도 바람은 못 참겠구나.

25쪽

1

옛날 어느 산골에 할머니가 살고 있었어. 어느 날 할머니가 팥 밭에서 일을 하고 있는데, 큰 호랑이가 어슬렁어슬렁 내려오더니 할머니를 꿀꺽! 삼켜 버리려고 하지 뭐야?
"호랑아, 내 말을 좀 들어 봐라. 나는 이렇게 늙어서 너한테 잡아먹혀도 상관없지만, 이 넓은 팥 밭은 내가 없으면 누가 가꾸겠느냐. 그러니 팥을 다 거둘 때까지만 기다려다오. 그러면 그때 팥죽도 먹고 나도 잡아먹으면 되지 않겠느냐?"
그 말을 들은 호랑이는 팥죽도 먹고, 할머니도 잡아먹을 욕심에 '그러지 뭐!' 하고 대답했어.
어느새 가을이 되어, 팥을 다 거둔 할머니는 큰 가마솥에 팥죽을 쑤고 있었어. 하지만 이제나저제나 호랑이가 나타날까 봐 걱정돼서, 시도 때도 없이 눈물이 줄줄 났어. 그때 가마솥 근처에서 달걀 하나가 떼구르르 굴러오면서 물었어.
"할머니, 왜 울어요?"
"가을에 팥을 거두면 호랑이가 날 잡아먹으러 온다고 해서 그런다."
"나한테 팥죽 한 그릇만 주면 내가 호랑이를 쫓아 줄게요!"
할머니는 달걀이 한 말이 믿기지 않았지만 '그러지 뭐.' 하면서 팥죽 한 그릇을 잘 대접했어. 달걀은 팥죽을 다 먹고, 아궁이 속으로 쏙! 들어가 숨어 버렸어.
그다음 어디선가 자라 한 마리가 나타나더니 또 팥죽을 달라고 하네. 팥죽을 주면 호랑이를 쫓아 주겠다고 하면서 말이야. 자라는 팥죽을 다 먹고 나서 물 항아리 안으로 쏙! 들어가 숨어 버렸어.
그다음 또 개똥이 와서 팥죽을 먹고 나더니, 부엌 바닥에 납작 엎드려 있고, 또 송곳이랑 절구통이랑 멍석이랑 지게까지 줄줄이 나타나서 자꾸 팥죽을 달라는 거야.
그렇게 한바탕 팥죽 대접을 하고 나니까, 어디선가 호랑이가 부엌 안으로 걸어오고 있는 게 아니겠어? 에구 무서워라! 그런데 할머니는 아무렇지도 않은 듯이 말했어.
"추운 날 여기까지 오느라고 수고했다. 우선 몸이라도 녹이고, 날 잡아먹거라."
이 말을 들은 호랑이는 부엌 아궁이 옆으로 성큼성큼 다가가서 불을 쬐려고 했지. 바로 그때였어! 아궁이 속에서 달걀이 톡! 튀어나오더니, 호랑이 눈에 쏙 들어갔지.
"아이쿠 눈이야!"
호랑이는 비틀거리면서 눈을 씻으려고 물 항아리에 손을 넣었지. 그랬더니, 자라가 호랑이 손을 꽉! 하고 물었어.
"아이쿠 손이야!"
또 화들짝 놀라 뒷걸음질을 치는데, 바닥에 엎드려 있던 개똥을 폭! 하고 밟았네. 똥을 밟고 기우뚱하다가 날카로운 송곳 위로 넘어졌지.
"아이히히 아히야!"
송곳에 찔려 도망치려던 호랑이 머리 위로 절구통이 쿵! 하고 떨어졌어. 머리에 무거운 돌덩이를 맞은 호랑이는 정신을 못 차리고 쓰러졌어. 그때

마당에 있던 멍석이 오더니 호랑이를 둘둘 말아 버렸어. 그러자 어디선가 지게가 달려오더니 멍석에 말려 있는 호랑이를 어깨에 척! 하고 짊어지고 강물에 휙! 던져 버렸대. 이렇게 해서 욕심 많은 호랑이는 죽게 되었고, 할머니는 달걀이랑 자라랑 개똥이랑 송곳이랑 절구통이랑 멍석이랑 지게랑 오래오래 재미나게 살았대. <u>해마다 가을에 팥죽을 나눠 먹으면서 말이야!</u>

2 예) 호랑이를 어깨에 척! 하고 짊어지고, 강물에 휙! 던져 버렸대.

4 할머니는 해마다 팥 농사를 짓고, 호랑이를 쫓아 준 친구들과 함께 사이 좋게 지냈다는 뜻.

28쪽

1

옛날 어느 마을에 할아버지 할머니가 살고 있었어. 그런데 이 두 분에게는 자식이 없었지. 그래도 오순도순 정답게 살았어. 그러던 어느 날 할아버지가 나무를 하러 산에 갔지. 그런데 지게 위에 예쁜 새 한 마리가 날아와 앉지 뭐야?

'저 새를 잡아다 부잣집에 팔면 쌀을 많이 얻을 수 있겠지?' 이렇게 생각한 할아버지는 나무를 하다 말고 새를 쫓아갔어. 그렇게 한참 새를 쫓아가니까 깊은 산속으로 들어와 있지 뭐야. 새는 이미 멀리 가 버렸고, 배는 고프고, <u>'허허, 이거 헛일을 했군.'</u> 하며 후회를 하던 참에 어디선가 콸콸콸콸 물소리가 들려. 마침 목이 말라 물이 마시고 싶었는데 잘되었구나 싶었지. 그래서 샘 앞에 무릎을 꿇고 고개를 숙여 1번, 2번, 3번 벌컥벌컥 들이마셨어. 아주 꿀맛이었지. 물을 마시고 숨을 크게 쉬니까 아니 글쎄! 굽었던 허리가 주욱 펴지고, 살갗이 부드러워지는 거 있지?

'어? 이거 이상하다?' 그러면서 얼룽덜룽 춤추는 물 위에 얼굴을 비춰 보니까, 할아버지 젊었을 때의 얼굴이 거기에 있지 뭐야?

할아버지는 기분이 너무 좋아서 집으로 내려왔어. 할머니한테 이 사실을 얼른 알려 주고 싶어서 말이야. 할머니는 어떤 젊은이가 덩실덩실 집으로 뛰어오니까 깜짝 놀랐어. 그 젊은이가 자기 남편인 줄도 모르고 말이야.

할아버지 아니 젊은이는 있었던 일을 할머니에게 다 이야기를 해 주고 나서, 함께 샘물로 가 보았지. 그러고는 할머니도 샘물을 1번 마시고, 2번 마시고, 3번 마시고……. 어떻게 되었을까? 그래, 할머니도 젊을 때 고운 얼굴을 다시 찾고 너무 기분이 좋았어.

"우리 이웃집 박 영감한테도 가서 얼른 이 사실을 알려 주자고!"

둘이 마을로 내려가서 박 영감을 불러 이야기를 했지. 그 길로 박 영감은 그 샘물을 찾아 산으로 올라갔지.

젊어진 할아버지, 할머니는 박 영감이 언제 젊어져 내려오나 기다렸어. 그런데 하루가 지나도 내려올 생각을 안 해. 슬슬 걱정되기 시작했지. 호랑이한테 물려갔을지도 모르니까 말이야. 그래서 부부는 날이 밝자마자 박 영감을 찾아 나섰어. 샘물 앞에 딱 다다르자, 박 영감 옷 안에 웬 아기가 있지 않겠어? 이 아기는 누구일까? 그래, 맞아! 그 아기는 바로 박 영감이었던 거야. 박 영감은 꼭 3번만 마시라는 말을 어기고 욕심을 부려 너무 많이 마셨던 거지.

할머니가 아기를 딱 안아 보니 너무 예쁘게 생글생글 거리거든? 그래서 부부는 아기를 키우기로 했지. <u>나이 많은 아기</u>를 말이야. 그러고 나서 부부는 아기랑 오래오래 행복하게 잘 살았대.

2 예) 할머니는 어떤 젊은이가 덩실덩실 집으로 뛰어오니까 깜짝 놀랐어.

4 '나이 많은 아기'는 박 영감이다. 박 영감은 젊어지는 샘물을 욕심을 부려 너무 많이 마셨기 때문이다.

32쪽

1

옛날 어느 마을에 가난한 선비가 살고 있었어. 그런데 이 선비는 매일 밥만 먹으면 공부밖에 몰라. 그래서 집안일은 하나도 안 했지. 그럼 누가 했냐고? 선비 아내가 다 했지 뭐! 하루는 아내가 마당에 벼를 쭉 널어놓고 들에 일을 하러 나갔어. 그런데 갑자기 비가 오는 거야. 그러자 많은 비에 벼가 쓸려 내려가 버렸어. 더 황당한 일은 그때 선비는 방 안에서 공부를 하고 있었다는 거야. 들에서 돌아온 아내는 속이 터졌지.

"난 이렇게는 못 살아요! 그놈의 공부보다 사람이 먹고살아야지요!"

아내의 말을 가만 듣고 있던 선비는 그날로 돈을 벌러 나갔어. 하지만 그동안 비가 오나 눈이 오나 공부만 하던 선비가 뭘 할 줄 알겠어? 그냥 터벅터벅 길을 걷고 있을 때였어. 한참 가다 보니까, 논두렁에 올챙이들이 새까맣게 모여서 꼼지락꼼지락하지 않겠어? 그런데 가만 보니, 물이 말라서 올챙이들이 다 죽게 생겼단 말이야. '이제 갓 태어난 것들이 죽으면 안 되지.' 하면서 선비는 올챙이들을 손으로 모아 논 옆 연못가로 옮겨 주고는 다시 길을 떠났어.

가다 보니 큰 마을이 나왔지. 거기서 돈이 될 만한 일은 다 했어. 논에서 일도 하고, 지게로 나무도 져 날라다 주고, 뙤약볕 아래서 밭도 매 주었지. 하지만 아무리 일을 해도 돈이 모이질 않았어. 그래서 아내에게 돌아가기로 결심했지. 집에 가서 낮에는 일하고, 밤에는 공부하면서 아내를 도와주기로 한 거야.

선비가 다시 터덜터덜 집으로 돌아가는 길에 올챙이를 살려 준 연못가를 지나게 되었지. 그러자 연못가에서 개구리들이 풀떡풀떡 튀어나오지 않겠어?

"야! 너희, 진짜 반갑다! <u>내가 집 나올 때 논에서 떠다 놓은 올챙이들이 이렇게 컸구나!</u>"

개구리들은 그 말을 알아듣기라도 한 듯 더 크게 울면서 냄비 하나를 머리로 밀면서 가져왔어. 그러고는 '깨구락구라 깨구락구라' 하면서 더 큰 소리로 울었어. 그 냄비는 집에서 쓰는 냄비보다도 훨씬 낡아 보였어. 하지만 개구리들이 준 선물이니까 껄껄 웃으면서 집으로 가져갔지.

아내는 몇 달 동안 보이지 않던 남편이 돈은커녕 길가에 굴러다닐 법한 찌그러진 냄비를 가져온 것을 보고 이맛살을 잔뜩 찌푸렸어.

"아니, 여태 어디서 무얼 하고는 쌀 한 됫박도 아니고, 헌 냄비 조가리만 가져온 거예요?"

"허허, 너무 그러지 마소. 그래도 고생을 했는데, 배고프니까 밥이라도 줘요."

"밥이 어딨다고 그래요? 지금은 이렇게 쌀 한 톨밖에 없단 말이에요."

"그럼, 이 냄비에 한 톨만이라도 넣어 지어 주오."

결국 아내는 남편이 가져온 냄비에 쌀 한 톨을 넣고 밥을 지었어. 뚜껑을 연 아내가 깜짝 놀라며 말했어.

"여보! 이것 좀 와서 봐요! 쌀밥이 가득해요."

그 냄비는 뭐 하나를 넣으면 가득 차서 나오는 이상한 냄비였어. 개구리들이 올챙이 때 살려 준 선비한테 은혜를 갚으려고 보내준 거였지. 그때부터 선비는 부자가 되어 행복하게 잘 살았대.

2 예) 여보! 이것 좀 와서 봐요! 쌀밥이 가득해요.

4 예) 나는 우리 집 사랑을 넣을 것이다. 사랑이 더 크고 가득 차서 나오면 좋겠다.

35쪽

1

옛날에 방귀를 잘 뀌는 아낙이 살고 있었대. 그 아낙은 동네에서 방귀를 제일 잘 뀌는 사람으로 유명했대. 창피하지 않았냐고? 창피해하기는커녕 당당하게 방귀를 뀌고, 사람들한테도 자랑삼아 이야기해서, 사람들도 엄지를 척! 하고 들어줬대.

그런데 강 건너 이웃 마을에도 방귀를 잘 뀌는 사내가 살고 있었대. 이 소문을 들은 아낙은 콧방귀를 뿡~ 하고 뀌면서 이렇게 말했대.

"쳇! 방귀를 잘 뀌면 얼마나 잘 뀐다고! 웃기고 있네."

그 소식을 들은 사내는 자기 방귀를 무시했다고 화가 났어. 그래서 강 건너 아낙네 집까지 쳐들어갔어. 여기저기 살펴봤지만 아낙은 없고, 아들만 아궁이 옆에서 놀고 있지 뭐야? 그런데 아낙을 찾는 사내에게 아들이 이렇게 말하며 슬슬 약을 올렸어.

"아저씨가 아무리 방귀를 잘 뀌어도 우리 엄마는 못 당할걸요?"

이 말을 들은 사내는 화가 나서 아들을 향해 방귀를 "뿌우붕뿡 부우붕붕" 하고 뀌어 버렸지. 아니, 그랬더니 글쎄! 방귀 바람에 아들이 쑥! 하고 아궁이 속으로 들어가더니 구들을 지나 굴뚝으로 쑥! 하고 나오지 뭐야? 온몸에 검댕이를 새까맣게 묻혀 가지고 말이야.

집으로 돌아와 아들을 본 아낙은 어땠겠어? 방귀 좀 뀐다고 아들을 이렇게 만들어 놓다니 너무 화가 났지. 그래서 방금 나간 사내를 막 쫓아갔어. 그랬더니 강 건너 언덕을 넘어가고 있단 말이야. 아낙은 금세 꾀를 내었어. 방귀 바람으로 빨래 방망이를 날려 보내기로 한 거야.

"뿌부붕 붕부르 붕붕!"

아낙이 방귀를 뀌자 빨래 방망이가 휘이잉! 하고 날아갔어. 사내는 언덕을 넘다가 하늘에서 천둥소리가 들려와 돌아보니, 무슨 빨래 방망이가 하늘을 날아 자기 쪽으로 날아오지 않겠어? 그래서 자기도 얼른 궁둥이를 쳐들고 맞방귀를 뀌었지.

"부부붕 방방부루붕!"

잘 날아가던 빨래 방망이는 도로 아낙이 있는 곳으로 날아오고 있지 뭐야? 아낙은 지지 않고 다시 방귀를 뀌었지. 그걸 보고 사내도 맞방귀를 뀌었지. 이렇게 강을 사이에 두고 계속 빨래 방망이가 왔다갔다 하더래.

그렇게 둘이서 젖 먹던 힘까지 다 쓰다 보니, 방망이가 강 위에서 오도 가도 못 하고 그만 강물 속으로 떨어지고 말았대. 그 바람에 강에서 놀던 물고기들이 빨래 방망이를 맞았는데, 방망이를 등에 맞은 물고기는 새우가 되었대. 방귀 때문에 멀쩡한 물고기가 새우가 되었다니, 믿어지니?

2 예) 이렇게 강을 사이에 두고 계속 빨래 방망이가 왔다갔다 하더래.

4 가지고 있는 모든 힘을 다 쓴다는 뜻.

38쪽

1

옛날에 한 노인이 있었어. 그 노인은 젊어서부터 농사를 열심히 지었지. 그래서 아들 셋과 며느리 셋까지 모두 잘 먹고, 잘 살 만큼 살림을 장만했지. 이제 나이가 들어 살림을 물려줄 때가 왔어. 그래서 며느리 셋을 불러 어떤 며느리가 살림을 잘 할지 시험해 보기로 했어.

먼저 맏며느리를 불러서 볍씨 한 톨을 주면서 말했어.

"자, 여기 아주 귀한 것이 있으니 받아라."

맏며느리는 무슨 금은보화를 주시는 줄 알고 두 손으로 공손하게 받았는데, 에게게? 이게 뭐야? 볍씨 한 톨이잖아? 그래서 맏며느리는 볍씨를 휙 던지며 이렇게 말했대.

"에이, 우리 아버님 농담도 잘 하셔!"

노인은 둘째 며느리를 불러서 역시 볍씨 한 톨을 주면서 말했어.

"자, 여기 아주 귀한 것이 있으니 잘 간수해라."

그러니까, 둘째 며느리도 '이게 도대체 뭔가?' 하고 자세히 들여다보니, 겨우 볍씨 한 톨이거든?

"아하하하, 우리 아버님 장난도 심하시지."

둘째 며느리는 나오는 길에 볍씨를 손끝으로 야무지게 까서 홀라당 입 속으로 집어넣었대.

마지막으로 노인은 막내 며느리를 불렀어. 그리고 역시 볍씨 한 톨을 줬어. 볍씨 한 톨을 받아 든 막내 며느리는 방을 나오면서 생각했어.

'아버님은 분명 깊은 뜻이 있어 이걸 주셨을 거야.' 하면서 그걸 어디에 쓸지 곰곰이 궁리했어. 그러다가 마당 구석에 볍씨 한 톨을 갖다 놓고는 그 위에 올가미를 씌워 참새 한 마리를 잡았지. 그런데 마침 옆집에서 참새를 약으로 쓴다고 구하러 다니잖아? 그래서 옆집에 참새를 주고, 달걀 하나를 얻었어. 그러니까 얼마 뒤 달걀에서 병아리가 나오고, 곧 큰 암탉이 되었어. 그 암탉이 또 여러 개의 알을 낳지 뭐야? 곧 닭이 아주 많아졌지.

막내 며느리는 아주 신이 났어. 닭 여러 마리를 팔아 돼지를 사고, 돼지를 잘 키워서 다시 소를 샀거든. 또 소가 새끼를 낳자 소를 팔고 농사지을 땅을 샀어.

3년이 지난 어느 날, 시아버지가 또 며느리들을 불렀어. 그리고 볍씨 한 톨을 가지고 어떻게 했는지 물었어. 맏며느리랑 둘째 며느리는 할 말이 없었어. 그런데 막내 며느리의 말을 듣고는 무릎을 탁! 쳤어. 그러고는 이렇게 말하며 살림을 며느리들에게 모두 물려주었대.

"그래, 내가 너희 셋에게 똑같이 볍씨 한 톨을 나눠 주었는데, 막내는 그 것으로 살림을 크게 일구었다. 앞으로 막내의 지혜를 잘 본받고 서로 우애 있게 잘 살아가거라."

2 예) 그러다가 마당 구석에 볍씨 한 톨을 갖다 놓고는 그 위에 올가미를 씌워 참새 한 마리를 잡았지.

4 지혜롭게 살림살이를 할 수 있는지 살펴보겠다는 뜻.

42쪽

1

옛날 옛날 어느 마을에 가난한 농사꾼이 살았어. 그런데 이 사람은 가난해도 너무 가난했어. 겨울이 되었는데 먹을 양식이 없어서 한동네 사는 형님네에서 좁쌀 한 바가지를 얻은 게 전부일 정도였다니까.

어느 날, 좁쌀 바가지를 들고 길을 가는데, 웬 거지 노인이 등에 맷돌을 짊어지고 담 밑에 쓰러져 있지 뭐야? 그냥 보고 지나칠 수가 있나. 농사꾼은 노인을 업고, 맷돌은 겨우 움켜쥐고 집으로 돌아왔어. 그리고 그날 얻어 온 좁쌀로 죽을 끓여서 노인을 먹였지. 자기도 배가 너무 고팠지만 죽어 가는 사람은 살려야 하니까 어쩔 수 없었어. 그랬더니, 노인이 눈을 슬금슬금 뜨면서 이렇게 말하는 거야.

"아니, 여보시오. 내 맷돌! 맷돌 못 봤소?"

"아이고, 염려 붙들어 매시오. 저기 잘 간수해 뒀습니다."

농사꾼이 이렇게 말하자, 노인이 대답했지.

"아, 다행이오. 다 늙어서 큰 은혜를 입었으니, 저 맷돌을 드리겠소. 내가 가진 것은 저것뿐이라오."

이튿날 일어나 보니까, 노인은 온데간데없고 맷돌만 덩그러니 남아 있었지. 그런데 생각해 봐. 맷돌이 있으면 뭘 하겠어? 맷돌에 넣을 곡식이 없는데 말이지. 맷돌은 곡식을 가는 도구야. 가난한 농사꾼은 곡식도 없이 맷돌을 받아 들고는 한참을 멍하니 쳐다보다가, 먹을 것을 떠올리면서 빈 맷돌을 돌리기 시작했어.

"아이쿠야, 배도 고픈데 이 맷돌에서 하얀 쌀이 살살살~ 하고 나오면 좋겠다!"

그랬더니 엥? 진짜 쌀이 살살살~ 하고 나오는 거야. 농사꾼은 눈이 휘둥그레졌지. 그래서 다시 "떡, 나와라!" 하고 돌리니 떡이 나오고, "옷, 나와라!" 하면서 돌리니 옷이 나오는 거야. 농사꾼은 너무 신이 났어. 그렇게 얻은 물건이나 양식들을 주변 사람들한테도 나눠 줬지.

그런데 이런 소문을 그 동네 부자가 들었어. 그 부자는 신기한 맷돌을 갖고 싶어서 이런 궁리 저런 궁리를 하다가 결국 그 맷돌을 훔쳐 달아났어.

넓은 들판을 지나고, 산을 넘고 또 넘고, 결국 바다가 나오자 배를 타고 먼바다까지 나갔어. 그래서 주변에 아무도 없는 것을 보고는 맷돌을 갈기 시작했어. 맷돌을 갈면서 뭘 나오게 할까 궁리궁리하다가 소금으로 결정했어. 그때는 소금이 무척 귀해서 소금이 많은 사람은 큰 부자였기 때문이야.

"맷돌아, 소금을 다오, 딴 것 다 필요 없고, 소금을 다오, 소금을!"

욕심쟁이 부자는 맷돌을 돌리고 돌리고 또 돌렸어. 그랬더니 소금이 배를 가득 채우고도, 끝없이 계속 나오는 거야. 소금이 배를 가득 채워서 배가 바닷속으로 들어가는데도 더 크게 소리를 지르며 맷돌을 돌렸어.

"소금아, 더 나와라! 더! 그래! 그래! 더 많이! 더 많이!"

욕심쟁이 부자는 어떻게 되었냐고? 결국 꼬로록! 바닷속으로 가라앉고 말았지. 그런데 맷돌은 지금도 돌아가면서 소금이 계속 쏟아져 나오고 있대. 바닷물이 짠 이유는 아직도 맷돌이 돌아가고 있기 때문이래. 정말이냐고?

2 예) 진짜 쌀이 살살살~ 하고 나오는 거야.

4 예) 맷돌을 돌리면서 내가 필요한 것도 말하고, 다른 사람에게 줄 것도 말해 보고 싶다.

46쪽

1

옛날에 사람보다 신령들이 더 많이 살던 때가 있었어. 우리나라에도 여기저기 산신령, 물신령, 들신령이 많이 살았지. 그중에서 강원도 산신령은 아주 대단했어. 왜냐하면 강원도에는 높고 아름다운 산이 많이 있었거든.

어느 날 강원도 산신령이 금강산에 일만이천봉을 만들라고 전국 각지에 명령을 내렸어. 전국의 바위들은 금강산에 가서 맘껏 자기 모습을 뽐내고 싶었어. 그래서 울산에서도 아주 커다란 바위 하나가 강원도를 향해 달리기 시작했어. 그러다 지쳐서 설악산 근처에서 한숨 늘어지게 잤지. 어라? 그랬더니 그새 금강산에 일만이천봉우리가 다 찼다는 거야.

울산바위는 그만 울상이 돼서 거기 주저앉고 말았어. 강원도 산신령은 울고 있는 바위가 딱해 보였어. 그래서 울산바위한테 설악산이 금강산같지는 않지만 그래도 멋진 산이니 그냥 거기 있으라고 허락을 해 줬어.

그런데 이상한 일이 생겼어. 설악산을 지키는 원님이 울산바위가 새로 생긴 것을 보고는 그 옆에 있는 신흥사라는 절의 스님을 만나러 왔어. 그러면서 이런 말을 하는 거야.

"여보시오. 스님! 저렇게 큰 바위가 내 고을에 왔으니, 세금을 내야 할 것 아니오! 1년에 1번씩 저 울산바위 세금을 걷겠으니, 그런 줄 아시오."

그래서 할 수 없이 스님은 몇 년간 많은 돈을 관가에 바쳤지. 그러다가 3년 동안 흉년이 들어서 세금은커녕 절에 있는 스님들조차 먹을 것이 없었지. 그렇게 스님들이 세금을 못 내서 걱정을 하고 있는데 동자승이 이렇게 말해.

"걱정 마세요. 세금을 낼 돈이 없으니, 저 울산바위를 대신 가져가라고 하세요."

동자승은 어린 스님을 말해. 그런 스님이 꾀를 낸 거지. 원님에게 그렇게 말했더니 원님은 괘씸하게 생각하고는 이렇게 대답했지.

"그래! 알았다. 가져가겠다! 허나 조건이 있어. 대신 저 울산바위를 지푸라기를 태운 까만 재로 꽁꽁 묶어 놓으면 가져가겠다!"

아니, 이게 무슨 말이야? 지푸라기를 태운 재는 바람에 훨훨 날아갈 만큼 힘이 없는데, 그걸로 묶어 놓으라니 말이야. 스님들이 또 걱정을 하니까, 동자승이 이번에도 걱정 말라는 거야.

"걱정 마세요. 스님들은 지푸라기나 꼬아 놓으세요."

그래서 몇 날 며칠 지푸라기를 길게 꼬아 놓으니, 동자승이 소금이랑 들기름을 가져오래. 그러고는 소금물을 만들어서 지푸라기에 천천히 바르는 거야. 그 위에 또 들기름을 발랐지. 그리고 나서 원님이 오는 날 아침에 울산바위를 다 감아 놓고는 불을 당겨 지푸라기를 태웠어.

아, 그랬더니, 지푸라기의 겉만 검게 타고 심지는 단단히 묶여져 있더란 말이지. 짠 소금물은 잘 마르지 않기 때문에 그렇대.

이것을 본 원님은 동자승이 기특해서 크게 칭찬을 해 주고는 그때부터 세금을 물지 않았대. 그리고 그때부터 이 마을 이름이 '묶을 속(束), 풀 초(草)'라는 한자를 써서 '속초'가 됐다고 하네. 와! 마을 이름에도 이런 이야기가 숨어 있다니 참 놀랍지 않아?

2 예) 저 울산바위를 대신 가져가라고 하세요.

4 예) 해들마을 : 해가 따스하게 드는 마을.

50쪽

1

옛날에 게랑 원숭이가 들로 산으로 함께 다니면서 먹을 것을 찾던 시절이 있었대. 어느 날 게와 원숭이는 누렇게 잘 익은 벼를 보았지. 그러자 그 둘은 벼를 베어다 껍질을 벗기고, 절구에 찧어서 쌀가루를 만들었어. 그 가루를 시루에다 넣어서 불을 때고, 쪄서 떡을 만들었지. 떡이 다 되니까 게는 '아! 이제 먹을 수 있겠구나.' 했는데 이게 웬걸?

원숭이가 날쌔게 떡을 획! 채 가더니 나무 위로 올라가 버리는 거야. 뒤뚱뒤뚱 옆으로 가는 게가 재빠른 원숭이를 쫓아갈 수가 없지. 그래서 게가 원숭이한테 말했지.

"원숭아! 우리가 같이 떡을 만들었는데, 너 혼자 먹을 셈이니?"

원숭이는 들은 체도 안 하고, 혼잣말만 하는 거야.

"오호홍, 요놈 참 맛있다. 맛있어!"

게는 약이 바짝 올랐어. 원숭이 속을 잘 아는 게는 혼잣말로 딱 원숭이가 들릴 만큼만 소리 내어 말했어.

"원래 떡은 썩은 나뭇가지에 걸어 두고 먹으면 훨씬 더 맛있는데……."

그랬더니 귀가 얇은 원숭이가 얼른 가지고 있는 떡을 몽땅 썩은 나뭇가지에 걸어 두었지.

그런데 마침 센 바람이 '휘리릭' 하고 불어 오니까 썩은 나무가 '빠직!' 하고 부러지면서 떡이 바닥에 떨어졌지. 게는 얼른 떡을 집어 들고는 굴속으로 들어갔어. 이제 원숭이 마음이 급해졌어. 얼른 게가 들어간 굴 앞으로 달려와서는 게에게 말했지.

"게야! 우리가 같이 떡을 만들었는데, 너 혼자 먹을 셈이니?"

게는 들은 체도 안 하고 혼잣말만 해 대는 거야.

"오호홍, 요놈 참 맛있다. 맛있어!"

원숭이는 약이 바짝바짝 올랐지만 게에게 사정하면서 말했지.

"게야, 아까는 내가 장난으로 그런 것뿐이야. 그러니까 나랑 같이 나눠 먹자 응?"

원숭이의 말을 믿어야 할까, 아니면 믿지 말아야 할까? 아무튼 게는 그 이야기를 듣고도 꼼짝 안 했어. 뭐, 그럴 만도 하지.

"그따위 거짓말은 하지도 마! 네가 먼저 떡을 가지고 도망쳤잖아. 그리고 내가 같이 먹자고 했는데 너는 들은 척도 안 했어!"

그랬더니 원숭이는 화가 머리끝까지 나서 게에게 소리치며 말했어.

"너 정말 이러기야? 그럼 내가 어떻게 하나 봐라!"

원숭이는 게가 있는 굴속에 그만 똥을 뿌루지직 뿌지직! 하고 싸대기 시작했어. 떡을 맛있게 먹던 게는 이게 무슨 날벼락! 아니 똥벼락이야! 하면서 코를 꽉 움켜쥐었지.

"네가 그렇게 나오면 나도 수가 있지!"

게는 큰 집게발로 원숭이 엉덩이를 꾸악! 하고 움켜쥐고, 이리 비틀! 저리 비틀! 하면서 놓아주지 않았어.

"아야야야야야!"

원숭이는 겨우겨우 집게발에서 벗어났지. 하지만 원숭이 엉덩이의 가죽이 벗겨지고, 털이 뜯겨 나갔어. 그 엉덩이의 가죽과 털은 게의 앞발에 그대로 남아 있고 말이야. 그래서 지금도 원숭이 엉덩이는 털이 없으면서 빨갛고, 게의 집게발에는 원숭이 털이 남아 있는 거래.

2 예) 이게 무슨 날벼락! 아니 똥벼락이야!
4 남의 말을 쉽게 받아들이는 원숭이라는 뜻.

54쪽

1

옛날 옛날에 한 가난한 나무꾼이 나무를 하고 집에 돌아오는데 키가 엄청 크고, 몸집도 아주 큰 도깨비가 앞을 딱 가로 막고 서지 뭐야? 나무꾼은 깜짝 놀라 그만 얼음처럼 굳어 버릴 지경이었어. 그런데 그 덩치 큰 도깨비가 대뜸 꾸벅 절을 하면서 이렇게 말하는 거야.

"아이고! 영감님. 이제 오십니까?"

나무꾼은 아무렇지도 않은 척하면서 점잖게 물었어.

"그래, 너는 뭐냐?"

"저, 다름이 아니고, 돈이 있으면 석 냥만 빌려주십시오."

옛날에는 돈을 세는 방법이 지금이랑 달랐어. 한 냥, 두 냥, 석 냥 이렇게 셀 때였지. 나무꾼이 조금 망설이니까, 도깨비가 다시 이러는 거야.

"내일 저녁에 꼭 갖다 드릴 테니 좀 빌려주십시오."

나무꾼은 도깨비가 무섭기도 했지만, 공손한 모습을 보니 마음이 혼란스러웠어. 그러다가 '에라 모르겠다!' 하며 돈 석 냥을 빌려줬지. 그리고 다음 날 저녁이 되었어. 그랬더니 그 도깨비가 다시 나타났지 뭐야?

"아이고! 영감님, 돈 석 냥 잘 썼습니다!"

그러면서 어제 빌린 돈을 갚는 거야. 빌려준 돈을 그대로 못 받는다고 생각했는데……. 허허 다행이다 싶었지.

그런데 이상한 일은 다음 날부터였어. 다시 저녁이 되자, 또 그 도깨비가 나타나지 뭐야. 그러고는 대뜸 이렇게 말하는 거야.

"영감님! 돈 석 냥 갚으러 왔습니다."

분명히 어제 갚았는데 말이지. 그래서 나무꾼이 말했지.

"그 돈은 어제 다 갚지 않았느냐."

그런데 도깨비가 이렇게 말하면서 또 돈을 놓고 가네.

"아니, 제가 그 돈을 언제 갚았다고 그러십니까?"

그 다음 날에도, 또 그 다음 날에도 계속 그러는 거야. 나무꾼이 아무리 돈을 다 받았다고 해도 막무가내였어. 이렇게 돈을 받아 모아 놓으니, 나무꾼은 점점 부자가 되었지. 그렇게 부자로 살다가 어느 날 죽고 말았어.

그런데 나무꾼 영감이 세상을 떠난 뒤에도 도깨비가 돈을 갚으러 왔는데, 돈 받을 사람이 없어져 버렸거든. 그러니까 그때부터 심술을 부리기 시작하지 않겠어? 아니 돈을 못 갚는다고 심술을 부리다니 말이야. 참!

그때부터 영감님의 아들이 열심히 짓는 농사를 망쳐 놓기 시작했어. 도깨비가 아들의 밭에 자갈을 잔뜩 심어 놓은 거야. 그것도 매일매일 말이야. 그때 아들이 꾀를 냈어. 일부러 도깨비가 들을 수 있도록 큰소리로 혼잣말을 했지.

"와! 자갈이 많으니 올해 농사 참 잘 되겠다. 만약 도깨비가 개똥을 주워 놓았으면 농사를 영영 망칠 뻔했는데, 고맙게도 자갈을 가져다 놓아 농사가 잘도 되어 가는구나!"

이렇게 능청을 떨었거든. 그리고는 다음 날 밭에 가보니까, 아 글쎄 밭에 개똥이 잔뜩 쌓여 있는 거야. 도깨비는 자갈이 농사를 망치고, 개똥이 농사를 잘되게 해 준다는 걸 몰랐으니까. 그래서 아들은 농사를 잘 짓고, 부자가 되어서 잘 살았대.

2 예) 자갈이 많으니 올해 농사 참 잘 되겠다.
4 도깨비가 나를 속이는 게 아닐까 하는 생각이 들었을 것 같다.

57쪽

1

옛날 그리고 아주 아주 옛날에, 한 영감이 살았어. 이 영감님은 뒷동산에 녹두밭을 크게 가꾸어 놓았대. 영감님이 키운 그 녹두는 아주 잘 자라서 열매가 주렁주렁 열렸대. 녹두는 팥과 비슷한 곡물이라고 보면 돼. 그런데 영감님의 녹두를 호시탐탐 노리는 무리가 있었는데, 바로 토끼 녀석들이었어. 영감님은 그 토끼들만 보면 소리를 '꽥!' 하고 질렀어.

하지만 별 소용이 없었어. 토끼들은 영감님이 없는 틈을 타서 야금야금 녹두를 따 먹을 수 있었으니까. 영감님은 자꾸만 쫓아내도 나타나는 토끼들을 잡아들일 궁리를 했어. 그러다 좋은 생각이 났지.

눈에다 대추를 박고, 귀에다 밤을 박고, 코에다 곶감을 박고, 입에다 홍시를 박고, 목에다 사과를 박고, 손바닥에 배를 박고, 가슴에다 복숭아를 박고, 배꼽에다 호두를 박고, 다리에다 모과를 박고, 발가락에다 자두를 박고서는 녹두밭 한가운데 벌러덩 드러누워서 죽은 체를 했어.
 그렇게 조금 있으려니까, 토끼들이 녹두를 따 먹으려고 슬금슬금 눈치를 보면서 뛰어오거든. 그런데 영감님을 발견한 거야.
 "야아! 이것 봐라. 녹두 영감이 여기 죽어 있다!"
 "어? 정말이네! 와하하하! 이제 녹두는 다 우리 거야!"
 "우리 녹두 영감이 죽었으니 잘 갖다 묻어 주자!"
 토끼들은 영감님을 번쩍 들어서 산으로 올라갔어. 영감님을 위해 노래까지 불러줬지.
 "녹두 영감 죽었네, 녹두 영감 죽었어."
 "토끼 쫓던 영감님, 안타깝게 죽었네."
 이렇게 토끼들이 노래를 부르며, 양지바른 곳에 영감님을 고이 묻어 주려고 하던 찰나!
 "이놈의 토끼들!!"
 녹두 영감은 눈을 번쩍 뜨면서, 토끼를 잡으려고 손을 내저었지. 그런데 재빠른 토끼들은 금세 달아났어. 겨우 토끼 한 마리의 뒷다리를 움켜 잡았지. 뒷다리를 잡힌 토끼는 금세 꾀를 냈어.
 "영감님! 잡으려면 토끼 뒷다리를 잡을 일이지, 왜 울타리를 잡고 있어요?"
 그 말에 영감이 놀라 토끼 다리를 놓고 울타리를 잡았대. 그때 토끼는 휙! 하고 신나게 달아나면서 놀렸대. 결국 녹두 영감은 토끼를 한 마리도 잡지 못하고 창피만 당했대.

2 예) 녹두밭 한가운데 벌러덩 드러누워서 죽은 체를 했어.
4 예) 덫을 만들고 토끼가 좋아하는 것을 놓은 뒤 잡는다.

61쪽

1

 옛날 어느 마을에 한 사내아이가 어머니를 모시고 살고 있었어. 그런데 이 아이는 어머니 말을 잘 듣기로 아주 유명했지. 그런데 아이의 집이 아주 가난해서 아이는 어릴 때부터 남의 집에 가서 일을 했어.
 하루는 아이가 이웃 마을에 일을 해 주고 돈을 좀 받아 왔어. 그 돈을 손아귀에 딱 쥐고 오는데, 목이 마르네? 그래서 우물 옆에 돈을 놓고 물을 맛있게 먹었지. 그러고는 집에 돌아와 보니, 돈이 없는 거야. 에이그! 우물 옆에 두고 왔잖아. 이 사실을 어머니한테 말씀드렸지. 그랬더니 어머니는 이렇게 말씀하시는 거야.
 "다음부터는 손에 쥐지 말고, 호주머니에 넣어 가지고 오너라."
 말 잘 듣는 아이는 그 말을 잘 담아 두고, 다음 일터에 갔어. 또 일을 열심히 하고는 품삯을 받았는데, 그게 돈이 아니라 강아지 한 마리였어. 아이는 강아지를 받자마자 어머니 말씀이 떠올랐어.
 '맞아, 어머니가 손에 쥐지 말고, 호주머니에 넣어 오라고 하셨지?' 하면서 억지로 호주머니에 쑤셔 넣었어. 강아지를 호주머니에 넣고 오는데, 강아지가 얼마나 답답하겠어? 그래서 아등바등하다가 호주머니를 찢고 뛰쳐 나와 버렸어. 그래서 또 아이는 빈손으로 집에 돌아오게 되었어. 이 사실을 어머니한테 말씀드렸더니, 어머니는 이렇게 말씀하시는 거야.
 "다음에는 호주머니에 넣지 말고, 끈으로 모가지를 묶어서 끌고 오너라."
 말 잘 듣는 아이는 그 말을 잘 담아 두고, 다음 일터에 갔어. 또 일을 열심히 하고 품삯을 받았는데, 이번에는 생선을 받았어. 아이는 생선을 받자마자 어머니 말씀이 떠올랐어.
 '맞아, 어머니가 호주머니에 넣지 말고, 끈으로 모가지를 묶어서 끌고 오라 하셨지?' 하면서 생선을 끈으로 묶어서 질질 끌고 갔어. 아니, 생선을 끈으로 묶고, 땅바닥에 질질 끌고 가니까 어떻게 되었겠어?

 이번에는 집으로 가지고 가긴 했는데……. 생선 몸뚱이는 다 닳아서 뼈만 앙상하게 남아버렸지! 허허! 이 모습을 본 어머니는 이렇게 말했어.
 "다음에는 끈으로 묶어 오지 말고, 종이에 잘 싼 뒤 짚으로 몸통을 묶어서 어깨에 걸머지고 오너라."
 말 잘 듣는 아이는 그 말을 잘 담아 두고, 다음 일터에 갔어. 또 일을 열심히 하고 품삯을 받았는데, 이번에는 당나귀 한 마리를 주잖아? 아이는 당나귀를 받자마자 어머니 말씀이 떠올랐어. 어휴! 어떡해! 힘들지만 어머니 말씀대로 당나귀를 종이로 잘 싼 뒤 짚으로 몸통을 묶어서 어깨에 걸머졌어.
 그렇게 강을 건너는데, 마침 원님이 딸과 함께 가마를 타고 지나가고 있었어. 원님의 딸이 아파서 용하다는 의원을 찾아가는 길이래. 그런데 그 딸이 당나귀를 종이에 싸고, 짚으로 묶어 어깨에 걸머지고 가는 사람을 보고 "하하하하!" 하고 웃음을 터뜨렸어. 그때 딸의 목에 걸린 가시가 튀어나오면서 병이 다 나았대.
 원님은 딸의 병을 고쳐 준 아이에게 큰 상을 줬어. 그래서 아이는 어머니랑 오래오래 행복하게 잘 살았대.

2 예) 생선을 끈으로 묶어서 질질 끌고 갔어.
4 예) 아들이 답답하기도 했겠지만 대견스러웠을 것 같다.

문해력 기초를 확 잡아 주는 초등 5줄 글쓰기 옛이야기 편

1판 1쇄 발행일 2022년 3월 30일

지은이 차성욱
그린이 한용욱
펴낸이 김상원
펴낸곳 상상정원
출판등록 제2020-000141호(2020년 10월 19일)
주소 (05691)서울시 송파구 삼학사로 6길 33, 101호
전화 070-7793-0687
팩스 02-422-0687
전자우편 ss-garden@naver.com

글 ⓒ 차성욱, 2022

ISBN 979-11-974703-3-2 73700

- 이 책은 저작권법에 따라 보호받는 저작물이므로 무단 전재와 무단 복제를 금합니다.
- 이 책의 일부 또는 전부를 재사용하려면 반드시 저작권자와 상상정원 양측의 동의를 받아야 합니다.
- 책값은 뒤표지에 표시되어 있습니다.

품명 아동 도서	**제조년월** 2022년 3월 30일	**주의사항** 종이에 베거나 긁히지 않도록 조심하세요.
사용연령 6세 이상	**제조자명** 상상정원	책 모서리가 날카로우니 던지거나 떨어뜨리지 마세요.
제조국 대한민국	**연락처** 070-7793-0687	
주소 서울시 송파구 삼학사로 6길 33, 101호		KC마크는 이 제품이 공통안전기준에 적합하였음을 의미합니다.